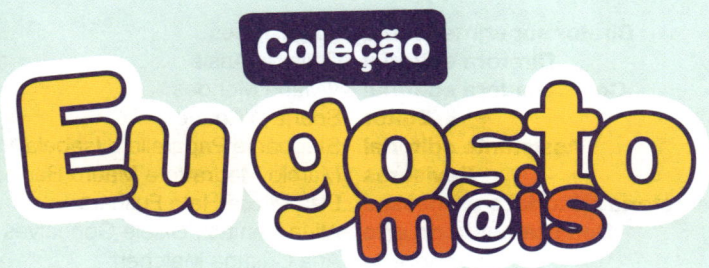

Coleção

# Eu gosto m@is

# CIÊNCIAS

CB058677

## CÉLIA PASSOS

Cursou Pedagogia na Faculdade de Ciências Humanas de Olinda – PE, com licenciaturas em Educação Especial e Orientação Educacional. Professora do Ensino Fundamental e Médio (Magistério) e coordenadora escolar de 1978 a 1990.

## ZENEIDE SILVA

Cursou Pedagogia na Universidade Católica de Pernambuco, com licenciatura em Supervisão Escolar. Pós-graduada em Literatura Infantil. Mestra em Formação de Educador pela Universidade Isla, Vila de Nova Gaia, Portugal. Assessora Pedagógica, professora do Ensino Fundamental e supervisora escolar desde 1986.

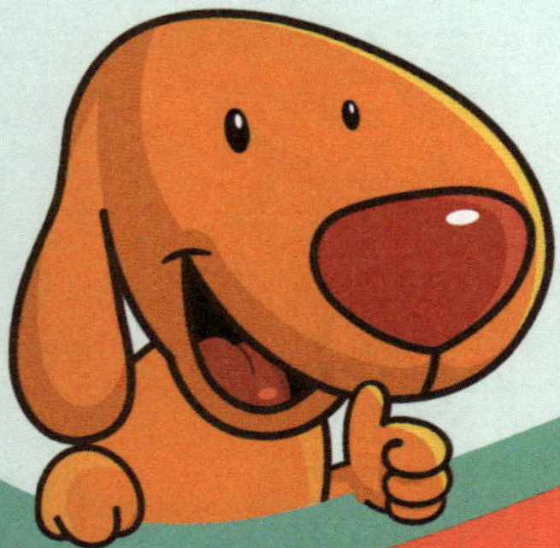

5º ANO

ENSINO FUNDAMENTAL

5ª edição
São Paulo
2022

IBEP

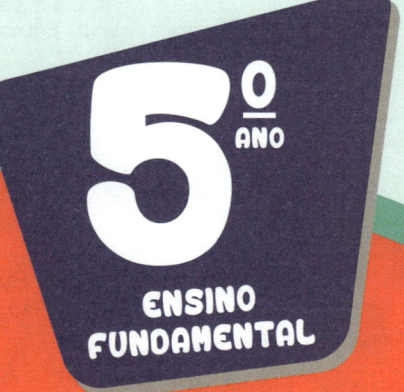

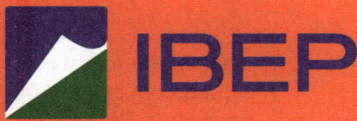

Coleção Eu Gosto Mais
Ciências – 5º ano
© IBEP, 2022

| | |
|---:|:---|
| **Diretor superintendente** | Jorge Yunes |
| **Diretora editorial** | Célia de Assis |
| **Coordenadora editorial** | Viviane Mendes |
| **Editor** | Soaria Willnauer |
| **Assistente editorial** | Stephanie Paparella e Isabela Mouzinho |
| **Revisores** | Márcio Medrado e Mauro Barros |
| **Secretaria editorial e processos** | Elza Mizue Hata Fujihara |
| **Departamento de arte** | Aline Benitez, Gisele Gonçalves |
| **Iconografia** | Ana Cristina Melchert |
| **Ilustração** | José Luis Juhas/Ilustra Cartoon e MW Ed. Ilustrações, Ricardo Paonessa |
| **Produção gráfica** | Marcelo Ribeiro |
| **Projeto gráfico e capa** | Aline Benitez |
| **Ilustração da capa** | Gisele Libutti |
| **Diagramação** | N-Public |

---

**DADOS INTERNACIONAIS DE CATALOGAÇÃO NA PUBLICAÇÃO (CIP) DE ACORDO COM ISBD**

P289e

Passos, Célia
    Eu gosto m@is: Ciências 5º ano / Célia Passos, Zeneide Silva. – 5. ed. – São Paulo : IBEP – Instituto Brasileiro de Edições Pedagógicas, 2022.
    120 p. : il. ; 20,5cm x 27,5cm. – (Eu gosto m@is)

  ISBN: 978-65-5696-272-6 (aluno)
  ISBN: 978-65-5696-273-3 (professor)

  1. Ensino Fundamental Anos Iniciais. 2. Livro didático. 3. Ciências. I. Silva, Zeneide. II. Título. III. Série.

2022-2693                                   CDD 372.07
                                                  CDU 372.4

Elaborado por Vagner Rodolfo da Silva – CRB-8/9410

**Índice para catálogo sistemático:**
1. Educação – Ensino fundamental: Livro didático 372.07
2. Educação – Ensino fundamental: Livro didático 372.4

---

5ª edição – São Paulo – 2022
Todos os direitos reservados

Rua Gomes de Carvalho, 1306, 11º andar, Vila Olímpia
São Paulo – SP – 04547-005 – Brasil – Tel.: (11) 2799-7799
www.editoraibep.com.br

Impreso en Mercurio S. A.
mercurio.com.py | 10604
Asunción - Paraguay

# APRESENTAÇÃO

Querido aluno, querida aluna,

Ao elaborar esta coleção pensamos muito em vocês.

Queremos que esta obra possa acompanhá-los em seu processo de aprendizagem pelo conteúdo atualizado e estimulante que apresenta e pelas propostas de atividades interessantes e bem ilustradas.

Nosso objetivo é que as lições e as atividades possam fazer vocês ampliarem seus conhecimentos e suas habilidades nessa fase de desenvolvimento da vida escolar.

Por meio do conhecimento, podemos contribuir para a construção de uma sociedade mais justa e fraterna: esse é também nosso objetivo ao elaborar esta coleção.

Um grande abraço,

**As autoras**

# SUMÁRIO

**LIÇÃO**

**1** O Universo e a Terra ..................................................................... 6
- As constelações ............................................................................ 9
- Os movimentos da terra .............................................................. 11
- Simulando o movimento de rotação da Terra ............................ 11
- Terra: nosso planeta ................................................................... 13

**2** A matéria da Terra ...................................................................... 20
- Os estados físicos da matéria ..................................................... 20
- As propriedades da matéria ....................................................... 25
- Materiais magnéticos .................................................................. 30
- A eletricidade e os materiais condutores .................................. 33
- Materiais condutores de calor e som ........................................ 35
- Os materiais e a passagem da luz ............................................. 37
- Fontes de luz ............................................................................... 39
- Os materiais combustíveis ......................................................... 39

**3** A água na natureza .................................................................... 45
- A água nos seres vivos ............................................................... 50
- Água, elemento da natureza ...................................................... 51

**4** A atmosfera da Terra ................................................................. 55
- O efeito estufa e o aquecimento da Terra ................................ 56
- Os ventos ..................................................................................... 59
- Clima e tempo ............................................................................. 60
- O clima da Terra .......................................................................... 61

**LIÇÃO**

**5** **Relações do ser humano com a natureza** .................. **68**
- Mudanças ambientais provocadas pelas atividades humanas ................................................................. 69
- Sustentabilidade ................................................... 73

**6** **O corpo humano** ................................................ **77**
- Sistema digestório e seus órgãos ......................... 77
- A ação dos órgãos na digestão ............................ 78
- Sistema circulatório .............................................. 80
- Sistema respiratório ............................................. 82
- Sistema urinário ................................................... 84
- Integração dos sistemas ...................................... 86
- Sistema esquelético e muscular .......................... 86

**7** **Sistema nervoso e sistema reprodutor** .............. **91**
- Sistema nervoso ................................................... 91
- Sistema reprodutor .............................................. 94
- Fecundação e gravidez ........................................ 96
- A infância e a adolescência ................................. 98

**8** **Os alimentos como fonte de vida** ...................... **105**
- Vitaminas: indispensáveis para o organismo ..... 107
- Alimentação balanceada .................................... 110

**ALMANAQUE** ............................................................. **113**
**ADESIVO** .................................................................... **121**

# O UNIVERSO E A TERRA

**Planetas**, **satélites**, **cometas** e **estrelas** são astros que fazem parte do Universo.

Não sabemos se o Universo tem fim nem até onde ele vai. Não sabemos como ele se formou nem quando. Muitos cientistas estudam o céu para descobrir os segredos desse mundo ainda pouco conhecido.

Para explicar a formação do Universo, os cientistas supõem que, há cerca de 14 bilhões de anos, um ponto muito quente começou a crescer, a se expandir e a esfriar, criando o espaço, o tempo e a **matéria** das **galáxias**. Embora essa teoria seja conhecida como Big Bang (grande explosão), não houve explosão, mas uma expansão.

Imagine um balão vazio e cheio de pintinhas feitas com caneta hidrocor. Agora, imagine esse balão enchendo, enchendo... As pintinhas que estavam próximas umas das outras vão se afastando. O balão é como o Universo e as pintinhas são como as galáxias.

Uma das galáxias que se formou no Big Bang foi a Via Láctea. Nela está o Sistema Solar, formado pelo Sol e pelos planetas que giram ao seu redor. Todos os planetas percorrem uma trajetória em torno do Sol. Essa trajetória recebe o nome de **órbita**. Em torno de planetas do Sistema Solar giram satélites.

Representação do Sistema Solar: o Sol e os oito planetas.

A Terra é o terceiro planeta do Sistema Solar e possui um satélite, a Lua. Por causa da camada de gases que a envolve, sua temperatura média é 18 °C. Mas existem regiões com médias de temperaturas de 25 °C, como nas regiões equatoriais, e temperaturas médias de 0 °C no inverno nas regiões de clima frio.

A Terra e seu satélite se formaram da matéria criada na expansão ocorrida com o Big Bang. Porém os cientistas não sabem ao certo se a Lua é um pedaço que se desprendeu da Terra ou se ela se formou da matéria inicial do Universo.

Terra e Lua em montagem de imagens obtidas por satélite artificial.

## VOCABULÁRIO

**planeta:** astro que gira ao redor de si mesmo e em torno de uma estrela.
**satélite:** astro que gira em torno de um planeta.
**cometa:** astro com um núcleo sólido, uma atmosfera gasosa chamada cabeleira e uma cauda formada pelos ventos solares.
**estrela:** astro com luz própria. O Sol é a maior estrela do Sistema Solar.
**matéria:** qualquer substância sólida, líquida ou gasosa, que ocupa lugar no espaço.
**galáxia:** gigantesco aglomerado com mais de 100 bilhões de estrelas e muitas nebulosas, isto é, nuvens de poeira e gás.
**órbita:** caminho percorrido por um astro em torno de outro.

# ATIVIDADES

**1** Explique com suas palavras como os cientistas esclarecem a formação do Universo.

_____

_____

_____

_____

**2** Escolha uma das afirmações a seguir e escreva em seu caderno argumentos para defendê-la.

a) O Universo já se formou. Desde sua origem ele não mudará mais.

b) O Universo sofre constantes modificações.

**3** No esquema a seguir, desenhe cada planeta do Sistema Solar em sua órbita e escreva o nome de cada um. Não esqueça que os planetas têm diferentes tamanhos!

## As constelações

Observe a imagem a seguir.

Céu noturno em Palmital, SP.

Ao olharmos o céu em uma noite sem nuvens, podemos enxergar um grande número de estrelas. Algumas delas são muito brilhantes e outras, quase imperceptíveis.

Como as estrelas serviram como guia aos navegantes durante muitos anos, os antigos astrônomos notaram que, ao ligar algumas estrelas por meio de linhas imaginárias, era possível formar figuras. Ao se olhar para o céu, essas figuras podem ser reconhecidas. Elas são as constelações, que ajudam a mapear o céu noturno.

Atualmente, utilizamos o nome que os antigos gregos deram a essas constelações. Elas receberam nomes em homenagem a deuses e deusas, heróis e heroínas, animais e monstros que faziam parte da mitologia desse povo. A posição das constelações no céu depende da data e da hora em que a observação é feita e da localização do observador.

Veja a carta celeste do céu do Brasil no dia 30 de julho de 2018, obtida no *site* do Planetário do Rio de Janeiro para a cidade de Brasília. Nela estão marcadas as diversas constelações presentes no céu nesse dia.

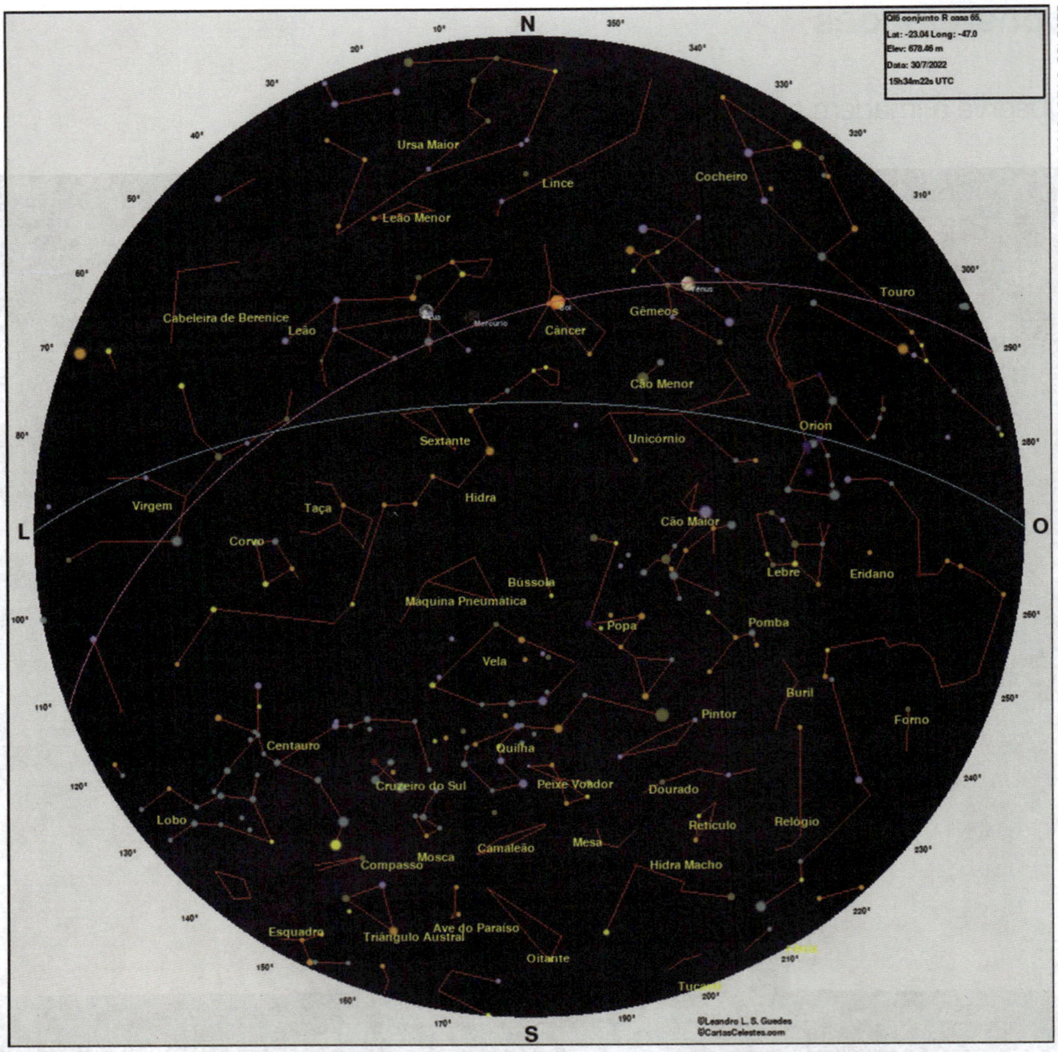

LEANDRO L. S. GUEDES/CARTAS CELESTE

Carta celeste de 29 de julho de 2022 para o céu de Brasília. No *site* https://cartascelestes.com/carta.php é possível obter cartas celestes diárias de várias cidades brasileiras.

Uma constelação bem importante é a do Cruzeiro do Sul, que indica a direção sul. Ela é mais conhecida por cinco de suas estrelas – quatro que avistamos com mais brilho formam o desenho de uma cruz, e uma menor, chamada intrometida, que não faz parte do desenho. Essa constelação é tão importante que aparece em nossa bandeira.

BALDAS1950/SHUTTERSTOCK

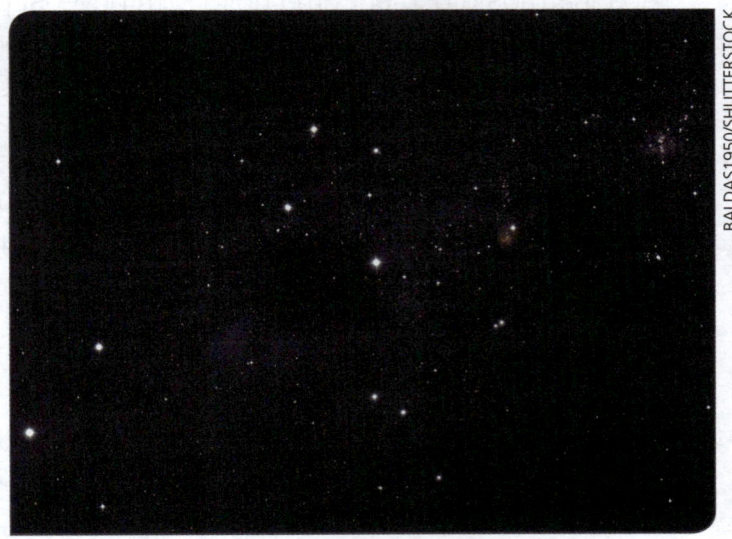

Constelação do Cruzeiro do Sul.

## Os movimentos terrestres

A Terra está em constante movimento, tanto em torno de si mesma como do Sol. O movimento de rotação é o que ela realiza em torno de si mesma. Esse movimento dura 24 horas e é o responsável pelo dia e pela noite.

### Simulando o movimento de rotação da Terra

**Materiais necessários**

1 bola de pingue-pongue
1 lanterna
1 palito de churrasco
jornal
cola bastão

**Procedimentos**

- Você e seu colega vão recortar tiras de jornal para colar na bola de pingue-pongue. As tiras devem ser coladas de modo a representar os oceanos e os continentes da Terra.

- Utilizem um globo terrestre ou um planisfério para identificar os continentes e os oceanos.

- Montada a representação da Terra, o professor vai espetar o palito na bola. Atenção: não brinque com o palito, pois você pode se machucar!

- Um aluno segura a "Terra" pelo palito e vai girando bem devagar no sentido anti-horário (de oeste para leste), enquanto o outro aluno aponta a lanterna acesa para a "Terra".

## ATIVIDADES

**1** O que representa a lanterna nessa simulação?

_____

**2** Há alguma possibilidade de ser dia em todos os lugares da Terra?

_____

_____

**3** Se a Terra não girasse em torno de si mesma como seria o planeta?

_____

_____

## O movimento de translação

A Terra realiza outro movimento além do de rotação. Ela gira ao redor do Sol em um movimento constante. A Terra dá uma volta completa ao redor do Sol em 365 dias e 6 horas, a esse movimento é chamado translação.

O movimento de translação é o responsável pelas diferentes estações do ano, porque neste movimento a Terra fica mais próxima ou mais distante do Sol.

Por causa da inclinação do planeta, no movimento de translação, a luz solar incide de modo diferente nos dois hemisférios, o Norte e o Sul, e isso faz com que as estações do ano sejam invertidas. Quando é verão no Hemisfério Sul e inverno no Norte e vice-versa.

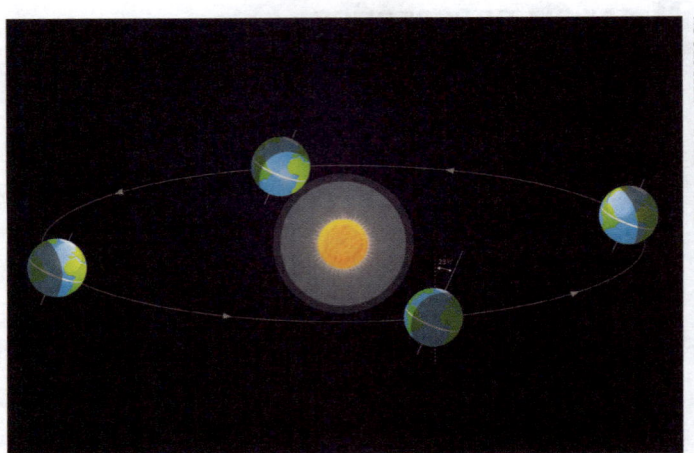

Esquema do movimento de translação da Terra.

# ATIVIDADES

**1** Lembrando do que você viu sobre constelações e sobre os movimentos da Terra, podemos dizer que o céu é sempre igual em qualquer lugar?

_____

_____

**2** Quanto tempo a Terra leva para dar uma volta em torno do Sol?

_____

**3** A distância da Terra em relação ao Sol é sempre a mesma?

_____

_____

## Terra: nosso planeta

A Terra é um pequeno planeta no Universo. Do espaço, é possível ver a grande quantidade de água salgada que cobre sua superfície, os continentes e as nuvens espalhadas em sua atmosfera.

Se viajássemos em uma nave espacial, veríamos que as águas dos oceanos refletem a cor azul da atmosfera.

Não vemos a **atmosfera**, camada de ar que rodeia a Terra, pois ela é formada de vapor de água e de gases, como o oxigênio, o nitrogênio e o gás carbônico, entre outros. Esses gases dispersam a radiação da cor azul dos raios solares e por isso o céu é azul.

Os continentes e o fundo dos oceanos fazem parte da **litosfera**, que é a parte mais externa da Terra, a superfície terrestre. Nela estão os solos, as rochas e os minerais.

As águas formam a **hidrosfera**, constituída por rios, lagos, mares e oceanos.

Hoje em dia, as imagens da Terra feitas por satélites são comuns. Mas até 1968 não se conhecia uma imagem completa da Terra no espaço. Essa imagem só foi publicada na viagem da Apollo 8, o primeiro voo tripulado rumo à Lua. Seus tripulantes não desceram da nave.

 Em 1969, na missão Apollo 11, os astronautas norte-americanos Neil Armstrong e Edwin Aldrin pisaram na Lua e deixaram as marcas dos solados de suas botas.

Marca da bota de Neil Armstrong na superfície lunar.

## A superfície terrestre

Uma grande parte da Terra é coberta pela água dos oceanos. Os oceanos são: Atlântico, Pacífico, Índico, Ártico e Antártico.

As áreas da Terra não cobertas de água formam os continentes: América, África, Ásia, Europa, Oceania e Antártida.

Os seres vivos habitam a **biosfera**. Essa esfera de vida se estende até quase 11 km abaixo do oceano e mais de 8 km acima do nível do mar, veja o esquema a seguir.

Oceano.

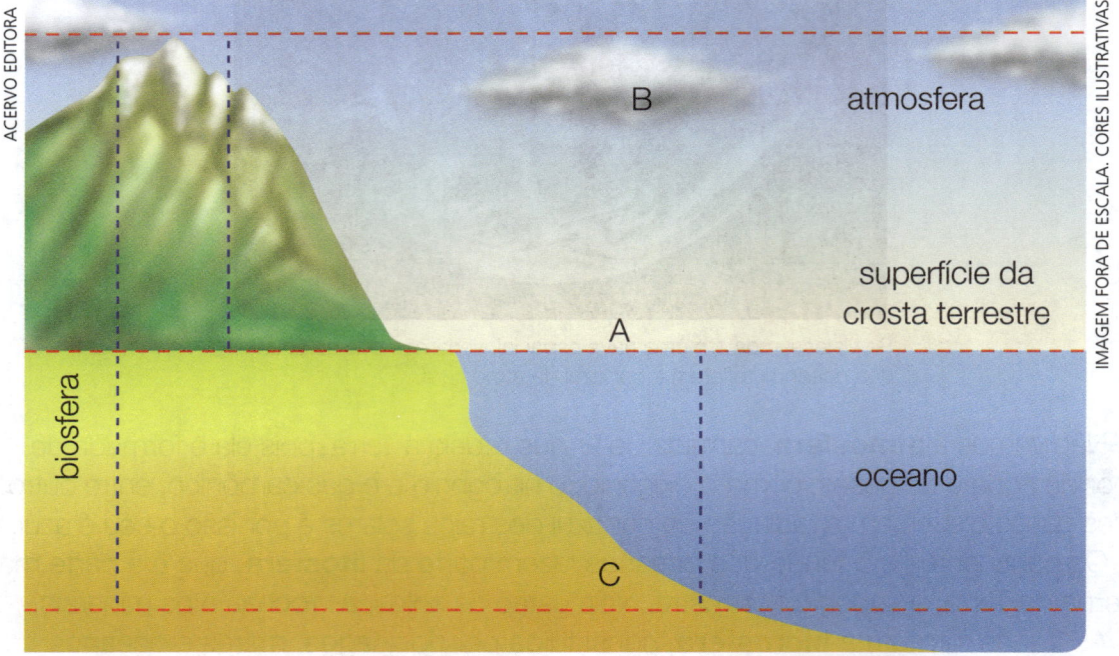

A biosfera é composta pela superfície da Terra (A) e pela parte inferior da atmosfera (B), chegando até o fundo dos oceanos (C).

A biosfera, que envolve o planeta, é variada. Nas florestas **tropicais**, por exemplo, há condições de vida para diversos seres vivos. Nos desertos, a variedade de espécies é pequena, em virtude do clima muito seco e quente. O mesmo acontece nas grandes altitudes: o número de espécies de seres vivos é cada vez menor à medida que subimos as altas montanhas.

### VOCABULÁRIO

**tropical:** região do planeta localizada entre os trópicos de Câncer e de Capricórnio, linhas imaginárias traçadas a igual distância da Linha do Equador, ao norte e ao sul, respectivamente.

No solo há vida até poucos metros abaixo da superfície. Nos oceanos encontramos vida até as profundezas, porém são poucas as espécies que conseguem viver nesse ambiente.

As minhocas vivem abaixo da superfície do solo.

O peixe-ogro vive em regiões profundas do oceano. Atinge 16 cm de comprimento.

## Abaixo da superfície terrestre

O interior da Terra é pesquisado por vários cientistas. Analisando, por exemplo, a composição e a estrutura das rochas e o comportamento das ondas de um terremoto, eles classificaram o interior da Terra em várias partes.

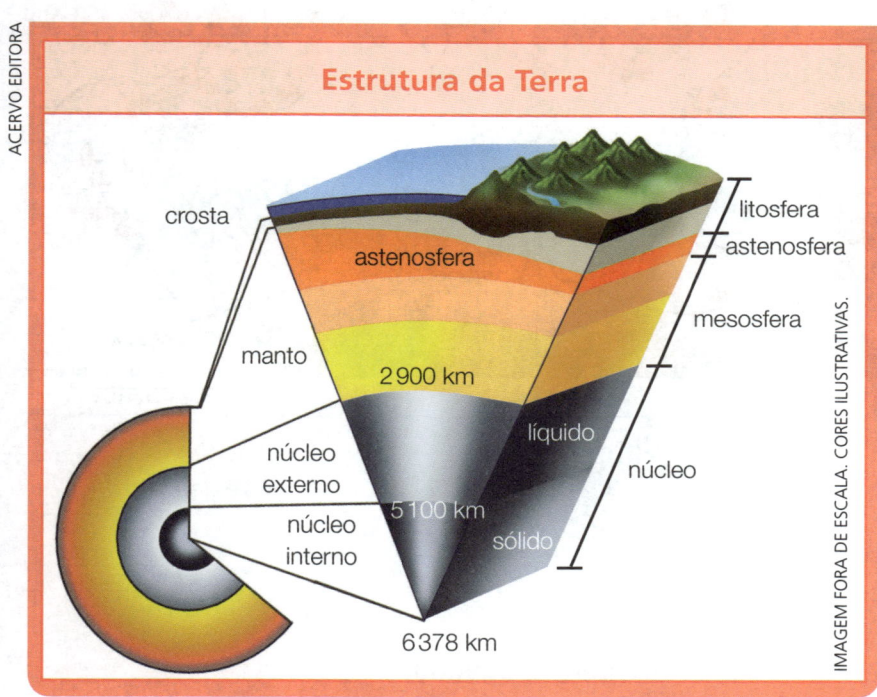

Imagine um abacate aberto. A casca que cobre o fruto seria a crosta, a polpa seria o manto e o caroço, o núcleo.

À esquerda, camadas da Terra de acordo com a estrutura das rochas. À direita, camadas da Terra de acordo com as ondas de terremoto.

A crosta terrestre é a camada mais superficial que está debaixo dos oceanos e na base dos continentes.

O manto tem uma parte sólida, uma parte pastosa e uma parte líquida. A parte sólida corresponde à litosfera. As partes pastosa e líquida são a astenosfera e a mesosfera. A litosfera flutua sobre a astenosfera.

O núcleo é a parte mais interna do planeta. O núcleo externo é líquido e o interno é sólido.

A litosfera é formada por partes que se parecem com um quebra-cabeça gigante. Essas partes, chamadas **placas tectônicas**, movimentam-se em variadas direções e, às vezes, chocam-se entre si por flutuarem sobre o manto, a camada logo abaixo, formada de rochas derretidas.

No ponto de encontro entre as placas tectônicas, ocorrem as mais intensas atividades geológicas do planeta: vulcões ativos, falhas e abalos sísmicos (terremotos) frequentes.

Você tem conhecimento de algum terremoto recente no planeta? E erupções de vulcões?

### PLACAS TECTÔNICAS

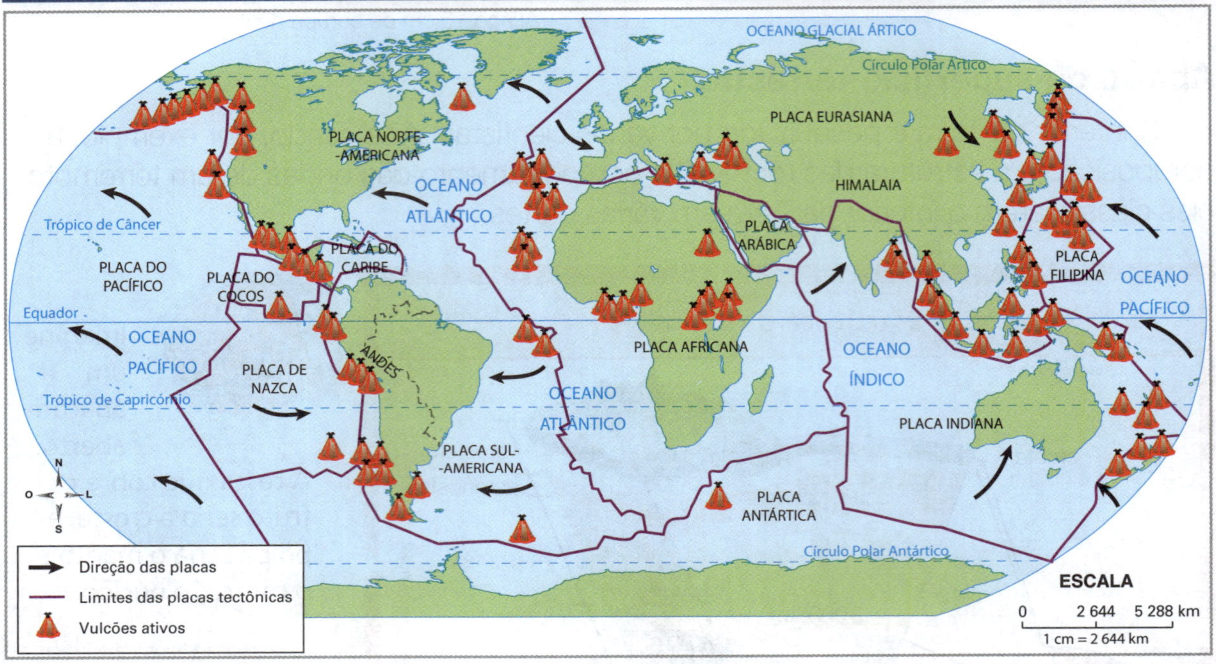

Fonte: *Atlas visual de la Tierra*, p. 14.

Placas tectônicas. As linhas roxas indicam os limites das placas.

## ATIVIDADES

**1** Associe os elementos citados de acordo com a legenda.

**1** Compõem a superfície terrestre.

**2** Compõem o interior da Terra.

☐ Plantas. ☐ Manto. ☐ Animais. ☐ Água.

☐ Núcleo. ☐ Ar. ☐ Rochas. ☐ Minerais.

16

**2** Por que os seres vivos conseguem viver na superfície terrestre? Marque um **X** nas informações corretas.

☐ Porque a superfície é coberta pelo ar.

☐ Porque os solos que existem na superfície são necessários para as plantas viverem.

☐ Porque a temperatura da Terra é como a de Júpiter.

☐ Porque é formada de ferro sólido e líquido.

☐ Porque existe água.

☐ Porque a temperatura é adequada à vida.

☐ Porque a atmosfera da Terra é igual à de Marte.

**3** Responda.

**a)** O que é crosta terrestre?

_____

_____

**b)** O que é manto terrestre?

_____

_____

**c)** O que é núcleo?

_____

_____

**d)** O que são placas tectônicas?

_____

_____

_____

# EU GOSTO DE APRENDER

Veja o que você aprendeu nesta lição.

- Os planetas, os satélites, os cometas e as estrelas são astros que fazem parte do Universo.
- O Sistema Solar, formado pelo Sol e pelos planetas que giram ao redor dele, faz parte da Via Láctea.
- No céu é possível observar as constelações.
- O movimento de rotação da Terra é responsável pelos dias e pelas noites.
- O céu muda de aspecto conforme ocorre o movimento de translação.
- A maior parte do nosso planeta é coberta por água, chamada de hidrosfera. Os continentes e os oceanos fazem parte da litosfera. Além disso, a Terra é rodeada por uma camada de gases, a atmosfera.
- Os seres vivos habitam a biosfera, uma variedade de ambientes que se estende da parte inferior da atmosfera até o fundo dos oceanos.
- De acordo com a estrutura das rochas, o interior da Terra está dividido em crosta, manto e núcleo.

## ATIVIDADE

Entre no *site* Cartas Celestes (https://cartascelestes.com/index.php) e obtenha cartas celestes de um mesmo lugar de três meses diferentes e observe a posição das constelações. Cole as três cartas celestes em uma cartolina e compare a posição das constelações.

## LEIA MAIS

**Namu e as estrelas: uma viagem pelo mundo da astronomia**

Ricardo Pirozzi. Ilustrações de Alan Turovlin. São Paulo: Companhia Editora Nacional, 2007.

Um garoto chamado Namu descobre, em uma velha caixa de madeira, papéis muito antigos e misteriosos. Com a ajuda de seu amigo Giuseppe, um astrônomo, o menino conhecerá Urânia, a aldeia de pedra, e aprenderá muito sobre a imensidão do Universo.

# EU GOSTO DE APRENDER MAIS

## A história da Terra

Restos de seres vivos fossilizados, ou seja, que ficaram encrustados em rochas e outros materiais dão evidências aos cientistas para que eles proponham teorias sobre a origem da Terra e dos seres vivos.

Segundo a teoria mais aceita, a Terra surgiu há cerca de 4,5 bilhões de anos.

A matéria que formou a Terra era bastante quente, por isso a superfície terrestre era incandescente e pastosa. Pouco a pouco, ela começou a esfriar, foi endurecendo e formou a crosta.

Nesse tempo, havia grandes chuvas de meteoritos. Eles faziam enormes buracos na superfície, o que permitia que a lava quente escapasse. Ela se espalhava e formava uma camada mais grossa ao seu redor. Assim se formaram muitos vulcões.

O vapor de água que saía da lava e dos vulcões se condensava para formar as nuvens. As gotinhas das nuvens caíam e chovia, mas a superfície terrestre estava tão quente que imediatamente a água voltava a evaporar.

Muito lentamente, a chuva esfriou a superfície da Terra e a água se acumulou nos lugares mais baixos. Assim, formaram-se os oceanos. Nesses oceanos surgiram as primeiras formas de vida, que eram bactérias azuis esverdeadas. Delas surgiram outras formas de vida.

IMAGENS FORA DE ESCALA. CORES ILUSTRATIVAS.

As imagens ilustram algumas das fases da Terra primitiva, segundo a teoria mais aceita. A última imagem representa alguns dos primeiros seres vivos segundo a mesma teoria.

## ATIVIDADES COMPLEMENTARES

1. Você acredita que existe outra forma de contar a história da Terra?
   - Pesquise, procure informações com seus pais ou familiares e escreva, em seu caderno, o que você descobriu.

2. Depois de realizar a pesquisa: qual das histórias da formação da Terra lhe parece mais verdadeira? Por quê? Converse com seus colegas.

# LIÇÃO 2 — A MATÉRIA DA TERRA

Segundo a teoria mais aceita, a formação do Universo é consequência da expansão da matéria. Mas o que é matéria?

Matéria é tudo o que existe no Universo: seres vivos, água, solo, ar, minerais etc.

A matéria pode estar em três estados: sólido, líquido e gasoso.

Em qualquer desses estados, toda matéria é composta por partículas menores, chamadas **átomos**. A água, por exemplo, é formada por átomos de hidrogênio e de oxigênio. Já o sal de cozinha é formado por átomos de sódio e de cloro. Você não consegue ver os átomos porque eles são muito pequenos, mas sabemos que tudo o que existe é formado por átomos.

Os átomos podem se agrupar e formar **moléculas**. A água, que citamos anteriormente, tem sua molécula formada pela junção de dois átomos de hidrogênio e um de oxigênio. Assim, a menor parte da água é sua molécula, que é simbolizada por $H_2O$.

## Os estados físicos da matéria

A água também pode ser usada para explicar os estados físicos da matéria. Ela pode apresentar-se nos estados sólido, líquido e gasoso.

Água no estado sólido.

Água no estado líquido.

A água no estado líquido, se colocada no congelador da geladeira, onde a temperatura é bem baixa, transforma-se em gelo.

Essa passagem da água do estado líquido para o sólido é a **solidificação**. Ela acontece a 0 °C ao nível do mar.

Depois de um tempo fora do congelador, o gelo derrete – é a **fusão**. Isso acontece porque ele passou de um lugar frio para um lugar mais quente.

Outro exemplo de material sólido que pode sofrer fusão ao ser submetido a um grande aumento de temperatura é o metal. Nas siderúrgicas, o minério de ferro é colocado em um alto-forno, no qual é derretido e transformado em ferro ou aço. Fora do alto-forno, o ferro em estado líquido solidifica-se em virtude da diminuição da temperatura.

Quando a água ferve, vaporiza-se, ou seja, transforma-se em vapor, por causa da temperatura alta – é a **vaporização**. Essa mudança acontece a 100 °C ao nível do mar. O vapor de água é invisível.

Quando a vaporização é lenta, recebe o nome de **evaporação**. É o que acontece com a água das roupas molhadas que secam no varal. Se a vaporização ocorrer de forma rápida, como na fervura da água, ela é chamada de **ebulição**.

Fusão: passagem de um material do estado sólido para o estado líquido. Nas siderúrgicas, o minério de ferro é submetido a altas temperaturas e sofre fusão, transformando-se em líquido.

IMAGENS FORA DE ESCALA.

Condensação: passagem da água do estado gasoso para o estado líquido.

O vapor de água, em contato com uma temperatura mais baixa, muda do estado gasoso para o estado líquido – é a **condensação**. O vapor condensado forma gotas em suspensão no ar. No caso da ebulição da água em uma panela, o vapor condensado forma as gotas que ficam na tampa da panela.

Também ocorre de substâncias passarem diretamente do estado sólido para o gasoso e vice-versa. Esse processo é chamado **sublimação**. É o que acontece quando o vapor-d'água se solidifica e precipita na forma de granizo. Outro exemplo é o gelo-seco, que é o gás carbônico no estado sólido.

Observe as mudanças de estado físico da água no esquema a seguir.

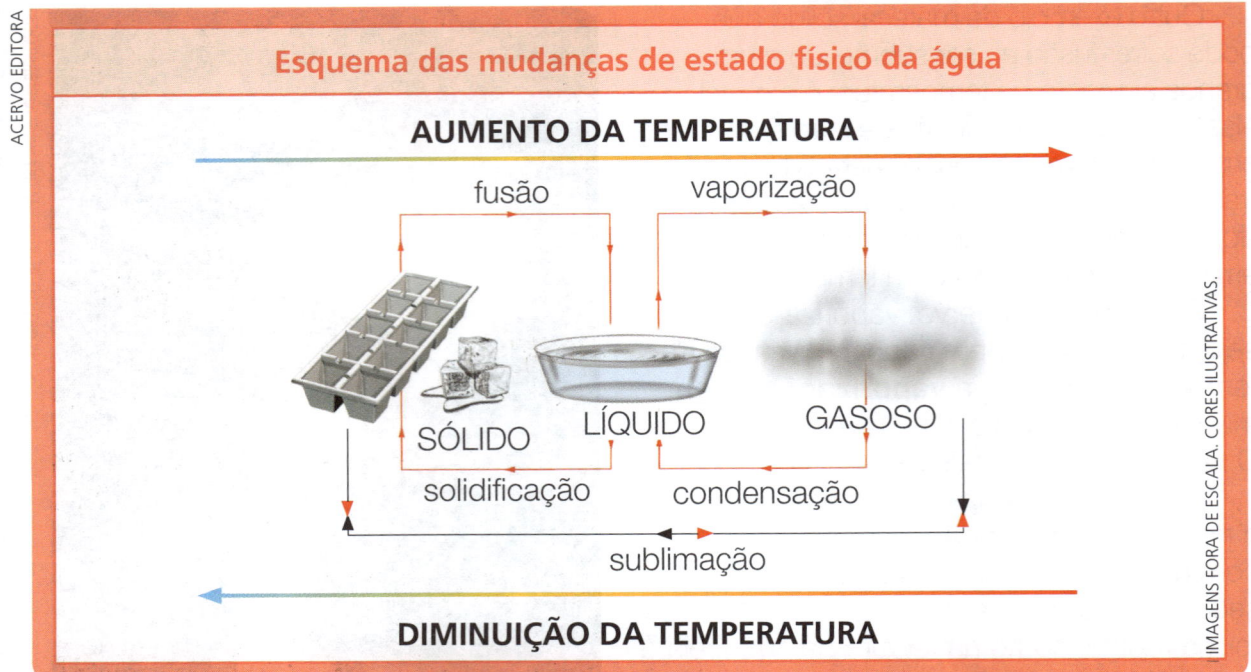

## ATIVIDADES

**1** O que precisa ocorrer para que o gelo mude para água líquida?

_____

_____

**2** Marque com **X** a frase correta sobre as mudanças de estado físico da água.

☐ Solidificação: passagem da água do estado sólido para o líquido.

☐ Fusão: passagem da água do estado sólido para o líquido.

☐ Vaporização: passagem da água do estado de vapor para o líquido.

**3** Complete os quadros a seguir com o nome das mudanças de estado físico.

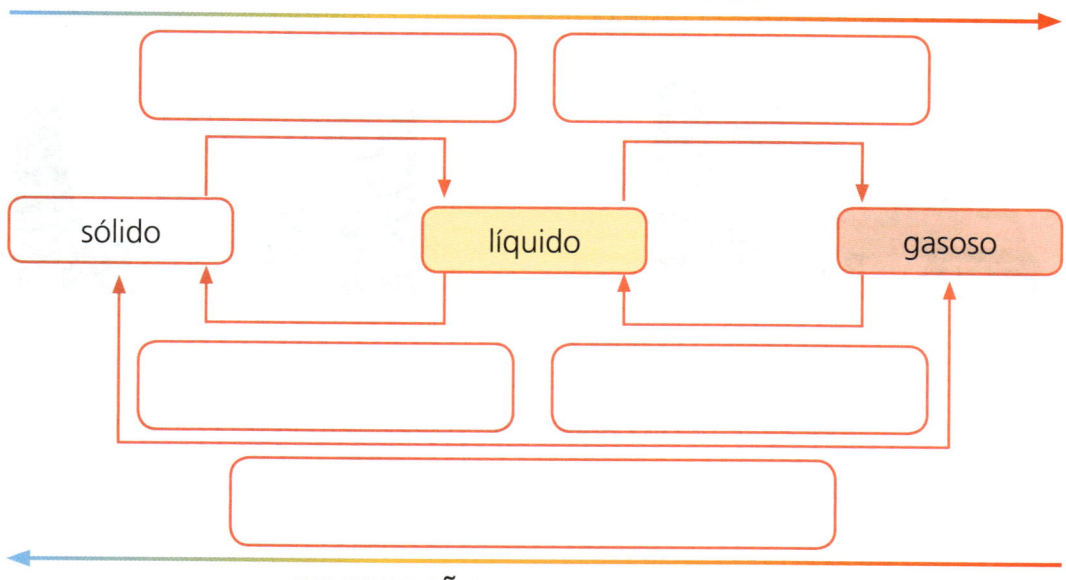

**4** Que mudanças de estado físico ocorrem com o aumento da temperatura da água?

_____

**5** Que mudanças de estado físico ocorrem com a diminuição da temperatura da água?

_____

**6** Leia a notícia a seguir.

> Em Juiz de Fora, na Zona da Mata Mineira, choveu granizo na tarde desse domingo (26).
> [...]
> Apesar dos estragos, parte dos moradores da cidade aproveitou o fenômeno para se divertir nas ruas, que ficaram cobertas de branco durante alguns minutos...
>
> LAMEIRA, Gustavo. Chuva de granizo causa transtornos em Juiz de Fora. *O Tempo*, 27 jul. 2015. Disponível em: http://www.otempo.com.br/cidades/chuva-de-granizo-causa-transtornos-em-juiz-de-fora-1.1076567. Acesso em: 30 jul. 2022.

• A que fenômeno se deve esse acontecimento relatado na notícia?

_____

_____

**7** Observe as fotos a seguir.

a) Que tipo de vaporização está ocorrendo em cada situação?

_____   _____

b) Em qual delas a água passa para o estado gasoso mais rapidamente?

_____

**8** Analise as situações a seguir e identifique a mudança de estado físico que está ocorrendo.

a) A água está fervendo para o preparo do café.

_____

b) O picolé está derretendo.

_____

c) Uma poça de água está secando.

_____

d) O espelho do banheiro ficou molhado após o banho quente.

_____

**9** Observe a imagem.

Como podemos explicar o ramo de hortelã dentro do gelo?

_____

_____

Que mudança de estado físico da matéria explica o processo:

☐ fusão.   ☐ solidificação.   ☐ condensação.

## As propriedades da matéria

### Massa

Massa é a quantidade de matéria de um **corpo**. Ela pode ser medida por uma balança, instrumento que compara as massas dos corpos. A massa normalmente é medida em quilograma, cujo símbolo é kg. Costumamos falar em peso quando vamos nos pesar ou pesar algo, mas na verdade estamos medindo a massa e não o peso.

Os tomates são matéria. Ocupam espaço e podemos medir o seu peso em uma balança.

## VOCABULÁRIO

**corpo:** é uma porção limitada de matéria. Um corpo produzido pelo ser humano chama-se objeto.

### Inércia

Observe as imagens a seguir.

A

B

Você já andou de ônibus, automóvel, trem ou metrô? Já sentiu seu corpo mudando de posição conforme o veículo começa a andar e quando para?

As imagens A e B representam essas duas situações. Em **A** o veículo inicia o movimento. Note que as pessoas estão com os corpos projetados para trás. Já em **B**, o veículo freia, para, e os corpos das pessoas ficam projetados para frente.

Essa situação ocorre em função da inércia, que é a propriedade da matéria de se manter no estado em que está. Em A, o movimento do veículo faz as pessoas, que estavam paradas, tenderem a se manter paradas e, por isso, ficam projetadas para trás. Em B, o movimento do veículo cessa e as pessoas que estavam em movimento tendem a continuar se movimentando e, por isso, são projetadas para frente.

## Volume

Volume é a propriedade que a matéria tem de ocupar lugar no espaço. O volume é a extensão do corpo. Podemos entender melhor o volume, observando a ilustração.

Colocamos o objeto cujo volume se quer determinar em uma vasilha cheia de água. A água transborda e pode ser recolhida em outra vasilha.

Com o auxílio de uma jarra medidora, medimos o volume que se derramou. O volume do objeto será igual ao da água derramada.

O copo medidor graduado estava com água até 600 mililitros. Ao colocar a maçã dentro dele, parte da água caiu no prato e a nova medição de quantidade de água indica quanto é o volume da maçã, pois ela passou a ocupar o espaço que antes era da água.

Os volumes líquidos são medidos geralmente em mililitro (mL), litro (L) ou metro cúbico ($m^3$).

### VOCABULÁRIO

**proveta:** tubo cilíndrico graduado para medir o volume de substâncias líquidas.

## Impenetrabilidade

A impenetrabilidade é a propriedade que dois corpos têm de não ocupar o mesmo lugar no espaço simultaneamente. Por exemplo, a maçã, ao ser colocada no copo medidor, fez a água derramar, passando a ocupar o lugar da água. Outro exemplo é que duas pessoas não conseguem ocupar o mesmo lugar ao mesmo tempo.

## Compressibilidade e elasticidade

A matéria tem seu volume reduzido quando submetida à pressão.

Essa propriedade pode ser observada quando puxamos o êmbolo de uma seringa de injeção, tampamos a entrada e empurramos o êmbolo. Os gases do ar que estão na seringa são comprimidos e, quando soltamos o êmbolo, voltam a ocupar o espaço do êmbolo. Ou seja, os gases têm compressibilidade e elasticidade.

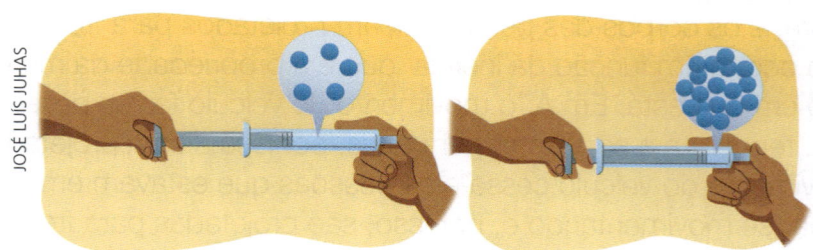

Dependendo do tipo de matéria, a compressão pode ser maior ou menor. Os gases são facilmente comprimidos, os líquidos são comprimidos até certo ponto e os sólidos são pouco comprimidos.

## Divisibilidade

Se martelarmos um giz, a matéria desse objeto se divide em pequenas partículas, mas elas não são destruídas. Um minúsculo pedacinho de giz tem a mesma constituição que o giz inteiro.

Essa é outra propriedade da matéria: ela pode ser dividida sem alterar sua constituição.

## Indestrutibilidade

A matéria não é criada nem destruída, apenas transformada.

Podemos ver essa propriedade queimando uma folha de papel: a queima libera gás carbônico para o ar e sobram as cinzas. Portanto, não houve destruição da matéria, mas sim sua transformação.

## Gravidade

Quando jogamos uma bola para o alto, ela sobe e cai. A bola sobe porque usamos a força para jogá-la, e cai porque é atraída pela força da gravidade.

Os corpos caem porque são atraídos pela força da gravidade da Terra. Essa força também é responsável por manter a Lua na órbita da Terra.

Corpos de massas diferentes são atraídos pela Terra de modos diferentes.

Imagine dois baldes com a mesma quantidade de areia, um em cada extremidade de uma tábua apoiada a um suporte, como uma gangorra. Os baldes estão em equilíbrio.

Mas, se retirarmos parte da areia de um dos baldes, ele ficará com menos massa e a força gravitacional sobre ele será menor do que a força sobre o balde com mais massa. Então, a gangorra se inclina para o lado do balde com mais massa. Observe a representação dessa situação na ilustração.

JOSÉ LUÍS JUHAS

A gravidade na Lua é um sexto da gravidade na Terra. Por isso, se estivesse na Lua, um homem de 82 quilos teria apenas 14 kg, pois lá a força da gravidade sobre ele seria muito menor.

### O que aconteceria se a gravidade deixasse de existir?

[...]

Jay Buckey, físico e ex-astronauta da Nasa, criou uma palestra na qual explora como a ausência de gravidade afeta o corpo humano. Ele afirma que nosso organismo está adaptado para viver em um ambiente onde o campo gravitacional é semelhante ao da Terra.

Se passarmos algum tempo morando em algum lugar onde a força da gravidade é diferente, como em uma estação espacial, por exemplo, nosso corpo muda.

Já está comprovado que astronautas perdem massa óssea e força muscular durante sua permanência no espaço. Sua percepção de equilíbrio também se modifica.

[...]

BARRAS, Colin. O que aconteceria se a gravidade deixasse de existir? *BBC News*, 15 fev. 2016. Disponível em: https://www.bbc.com/portuguese/noticias/2016/02/160214_vert_earth_falta_gravidade_ml. Acesso em 30 jul. 2022.

## ATIVIDADES

**1** Complete as frases escrevendo nos espaços vazios as palavras a seguir.

> massa – balança – volume
> matéria – quantidade

a) Todo corpo é feito de _____ e tem _____ e _____.

b) Massa é a _____ de matéria de um corpo.

c) Com a _____ comparamos a massa dos objetos.

**2** O que é volume?

_____

**3** A matéria pode ser destruída ou transformada?

_____

28

4) O que é impenetrabilidade da matéria?

_____

5) O que é força da gravidade terrestre?

_____

6) Explique a ilustração a seguir com suas palavras.

_____

7) João amassou uma folha de papel e a colocou no fundo de um copo. Depois, mergulhou o copo com a boca para baixo dentro de um aquário cheio de água. E o papel não molhou.

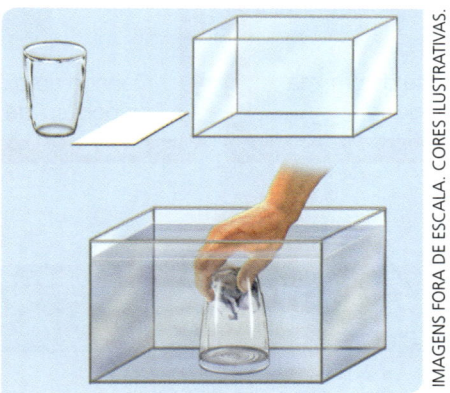

IMAGENS FORA DE ESCALA. CORES ILUSTRATIVAS.

A qual propriedade da matéria se deve esse fato?

_____

8) Considerando o que você aprendeu sobre inércia, é correto ser obrigatório o uso de cinto de segurança ao andar em veículos?

_____

_____

## Materiais magnéticos

Além das propriedades gerais, comuns a qualquer tipo de matéria, existem propriedades que são específicas para cada uma delas. Uma dessas propriedades é o magnetismo. Essa propriedade de alguns materiais você já deve conhecer, porque ela está no imã de geladeira e em fechos de bolsas.

Na Grécia Antiga, já se conhecia o material que atrai o ferro por causa do campo magnético que o rodeia: a magnetita. Esse nome vem de Magnésia, lugar da Grécia em que o magnetismo desse minério foi descoberto.

Magnetita, óxido de ferro presente em pequenas quantidades em quase todas as rochas e também nos meteoritos.

Os ímãs explicam como funciona o magnetismo.

A força de atração magnética do ímã é maior nas extremidades: o polo norte e o polo sul. Quando aproximamos o polo norte de um ímã do polo sul de outro ímã, eles se atraem. Mas os polos iguais se repelem. Observe a ilustração.

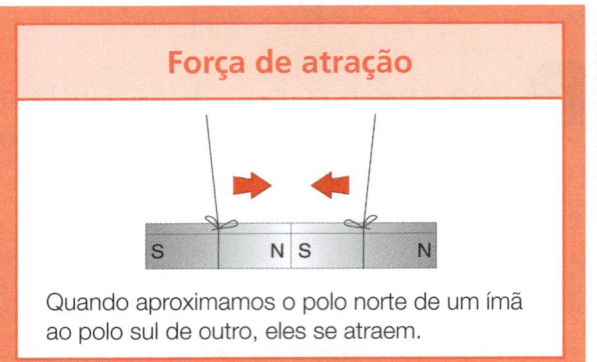

**Força de repulsão**
Quando aproximamos o polo norte de um ímã ao polo norte de outro, eles se repelem.

**Força de atração**
Quando aproximamos o polo norte de um ímã ao polo sul de outro, eles se atraem.

## LEIA MAIS

**Magnetismo**

Philippe Nessmann. Ilustrações de Peter Allen. São Paulo: Companhia Editora Nacional, 2012.

Há muito ímã em volta de nós: nos gravadores, nos motores elétricos, nos alto-falantes do rádio... Mas você sabe como fabricar um ímã? Com a Camila e o Aurélio, realize as experiências do livro e esses objetos interessantes o surpreenderão ainda mais.

## O campo magnético da Terra

Nosso planeta tem um campo magnético produzido pelo núcleo de ferro e níquel. O núcleo interno é sólido e o externo é líquido. O movimento desse líquido na rotação da Terra cria um campo magnético que faz do planeta um ímã, cujo campo magnético se estende para o espaço.

A Terra tem dois polos magnéticos próximos aos polos geográficos. Eles são invertidos, ou seja, próximo do Polo Norte geográfico está o polo sul magnético e próximo do Polo Sul geográfico está o polo norte magnético.

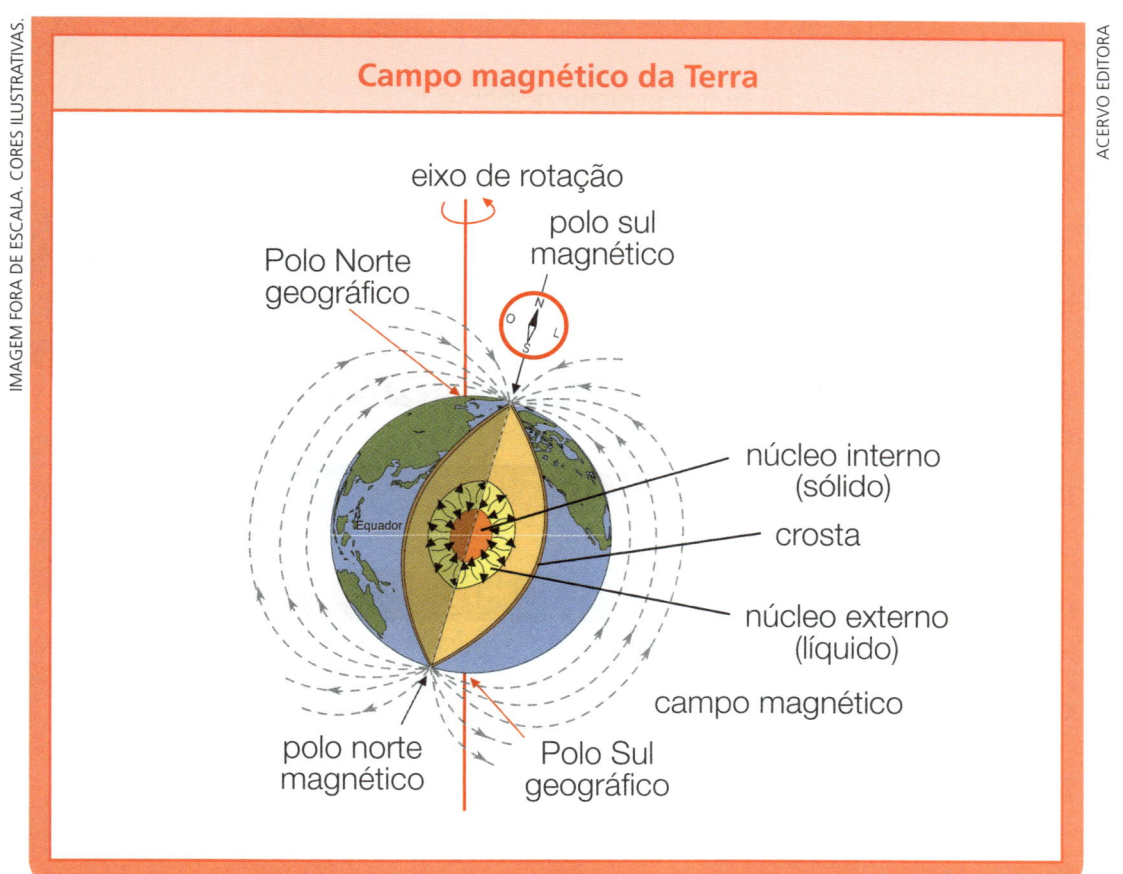

## A bússola e o GPS

A bússola é um instrumento de localização que tem uma agulha magnetizada no centro. Essa agulha se move atraída pelos polos magnéticos da Terra. Em qualquer lugar da Terra, essa agulha se move para indicar o norte geográfico do planeta.

A invenção da bússola é atribuída aos chineses no século I. Recebeu aperfeiçoamentos séculos depois e foi de muita importância para as Grandes Navegações dos séculos XV, XVI e começo do XVII.

Atualmente, a tecnologia de localização mais usada é o GPS (Sistema de Posicionamento Global, em inglês *Global Positioning System*), formado por um conjunto de no mínimo 24 satélites que localizam o aparelho de GPS que emite um sinal via ondas de rádio. Um visor mostra a localização praticamente precisa de onde estamos.

# ATIVIDADES

**1** Qual é o nome do minério de ferro que é um ímã natural?

_____

**2** A que se deve o poder de atração do ímã?

_____

**3** Quais são os pontos de maior atração dos ímãs?

_____

**4** Dois imãs foram colocados lado a lado, assinale com um **X** as situações em que haverá força de repulsão e com **Z** as que tiverem força de atração.

a) S N  S N ☐

b) S N  N S ☐

c) N S  S N ☐

d) N S  N S ☐

**5** A que se deve o campo magnético da Terra?

_____

**6** O que é força de repulsão?

_____

_____

**7** Se você precisasse se localizar em um passeio por uma floresta, levaria uma bússola ou um GPS? Justifique sua resposta.

_____

_____

## A eletricidade e os materiais condutores

A magnetita atrai o ferro. Essa força de atração também surge em certos materiais quando atritados. Por exemplo, quando passamos várias vezes uma caneta plástica no cabelo e aproximamos a caneta de pedacinhos de papel, ela os atrai. Portanto, magnetismo e eletricidade são propriedades da matéria. Ambos têm a mesma similaridade, criam campos magnéticos.

O magnetismo e a eletricidade têm a mesma origem: os elétrons.

Quando alguns materiais são atritados, os elétrons se movimentam e geram um campo magnético. Elétrons em movimento geram também eletricidade.

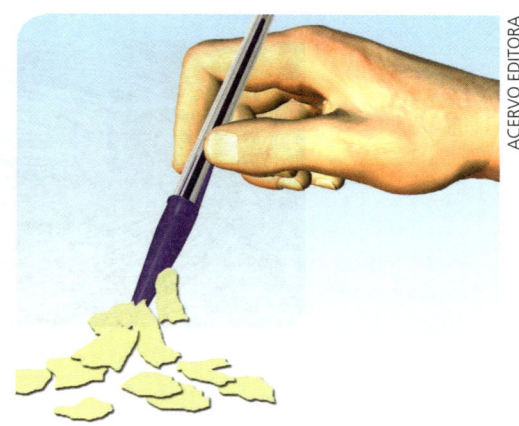

Ao esfregarmos um material no outro, provocamos atrito. Esse atrito pode eletrizar alguns materiais.

No Brasil, a maior parte da eletricidade que usamos é produzida em usinas hidrelétricas construídas em pontos apropriados de rios. Essa eletricidade percorre longas distâncias em materiais condutores até chegar ao seu destino e poder ser usada para acender uma lâmpada, um aparelho elétrico, ligar uma TV etc.

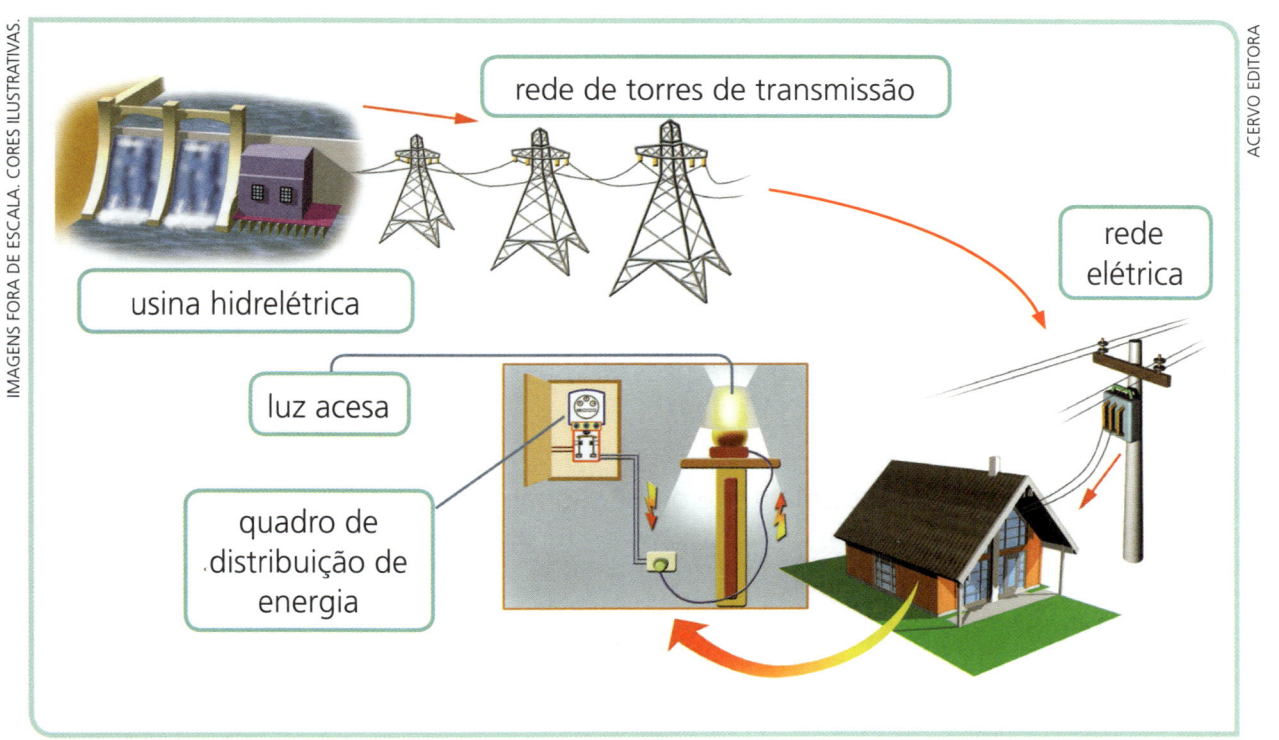

Existem materiais que são bons condutores de eletricidade: cobre, alumínio e prata. O nosso corpo e o dos outros animais, a água, o ar úmido e o solo também conduzem eletricidade.

Os materiais que conduzem eletricidade com dificuldade são os isolantes: borracha, madeira, plástico, cortiça, vidro, lã e isopor.

Fio de cobre: bom condutor de eletricidade.

Luvas de borracha: mau condutor de eletricidade.

## ATIVIDADES

**1** Complete as frases.

   a) A corrente elétrica é um fluxo de partículas em movimento chamadas _____.

   b) Um aparelho elétrico funciona quando a _____ chega até ele.

**2** O que existe em comum entre a eletricidade e o magnetismo?
_____

**3** Responda.

   a) Onde é produzida a maior parte da eletricidade no Brasil?
   _____

   b) Como a eletricidade chega até nossas casas?
   _____

   c) O que são materiais isolantes e o que são materiais condutores de eletricidade? Dê exemplos.
   _____
   _____

**4** Por que os fios elétricos são feitos de cobre por dentro e de plástico por fora?
_____

## Materiais condutores de calor e som

Há materiais que conduzem o calor, como o cobre, o alumínio, o ferro e o zinco, enquanto a madeira, o isopor, o plástico, a borracha e o vidro dificultam sua passagem.

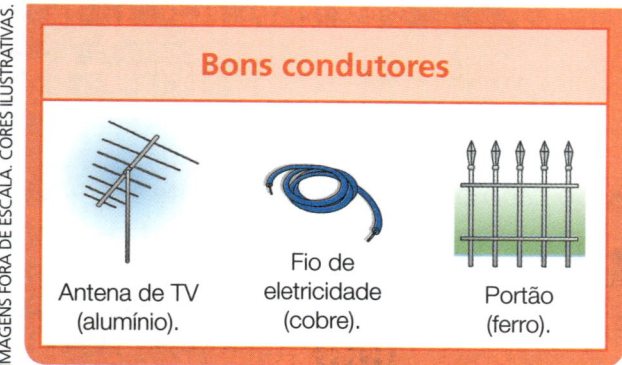

Bons condutores: Antena de TV (alumínio). Fio de eletricidade (cobre). Portão (ferro).

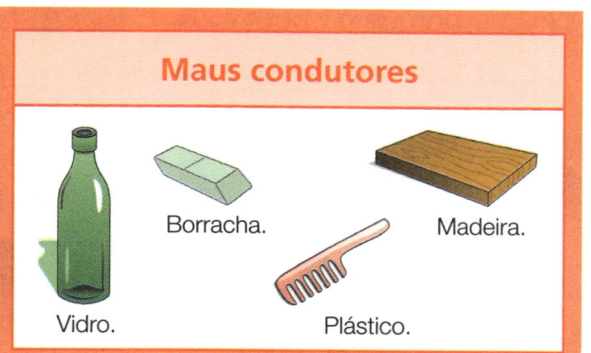

Maus condutores: Vidro. Borracha. Plástico. Madeira.

Quando colocamos um agasalho, ele dificulta a passagem de calor do nosso corpo para o ambiente e não sentimos tanto frio. Os agasalhos são isolantes de calor.

Quando seguramos a madeira e o metal, este parece estar mais frio. Isso acontece porque o metal é melhor condutor de calor do que a madeira, que por sua vez absorve mais calor.

O som é produzido por vibrações que formam as ondas sonoras. Os materiais condutores de som permitem a propagação das ondas sonoras, como acontece nos metais, nos líquidos em geral e no ar.

Os maus condutores de ondas sonoras são os tecidos e as espumas plásticas. Alguns plásticos de embalagens, como isopor ou papelão, também são bons isolantes de ondas sonoras.

## O sonar

Os peixes não estão espalhados nos rios, lagos e mares. Eles se concentram em locais de correnteza, salinidade, temperatura, profundidade e tipo de fundo específicos. Para localizar os cardumes, os sonares enviam sinais de ultrassom para o fundo da água e, pelo seu eco, captam as formas submersas existentes. Após atingir o fundo, os sinais retornam trazendo as informações sobre o tamanho e a profundidade de uma rocha ou de um cardume. No navio existem telas nas quais as imagens se formam.

Sonar de navio.

Os pescadores que têm essa tecnologia encontram os melhores pontos em um pesqueiro novo e sua produtividade aumenta.

## ATIVIDADES

**1** Escreva "bom condutor" ou "mau condutor" para completar as frases.

a) Os refrigerantes mantêm-se gelados por muitas horas em uma caixa de isopor porque o isopor é _____ de calor.

b) Em uma garrafa térmica o leite se mantém aquecido por muitas horas porque o vidro do interior da garrafa é _____ de calor.

**2** Por que a alça do ferro de passar roupas e o cabo das panelas geralmente são de plástico?

_____

_____

**3** Escreva exemplos de bons condutores de calor e de maus condutores de calor que você encontra na sua casa.

_____

_____

**4** Cite exemplos de bons condutores de som.

_____

_____

**5** Assinale um **X** nas frases corretas.

☐ Os sons são produzidos por vibrações.

☐ As vibrações criam ondas sonoras.

☐ Materiais condutores de som são aqueles que dificultam a propagação das ondas sonoras.

**6** Uma pessoa quer fazer uma sala de música em casa sem que os sons dos instrumentos musicais saiam da sala e os sons externos entrem nela. Que materiais ela pode usar para conseguir seus objetivos?

_____

## Os materiais e a passagem da luz

Quando um raio de sol bate em um espelho, ele reflete. O raio que chega ao espelho é o raio incidente. O raio que reflete é o raio refletido. O espelho é feito de um material refletor.

Porém, nem sempre a luz se comporta dessa maneira.

Quando a luz que se desloca atinge um objeto, três situações podem ocorrer:

1. A luz atravessa o objeto.
2. A luz é absorvida pelo objeto.
3. A luz é refletida.

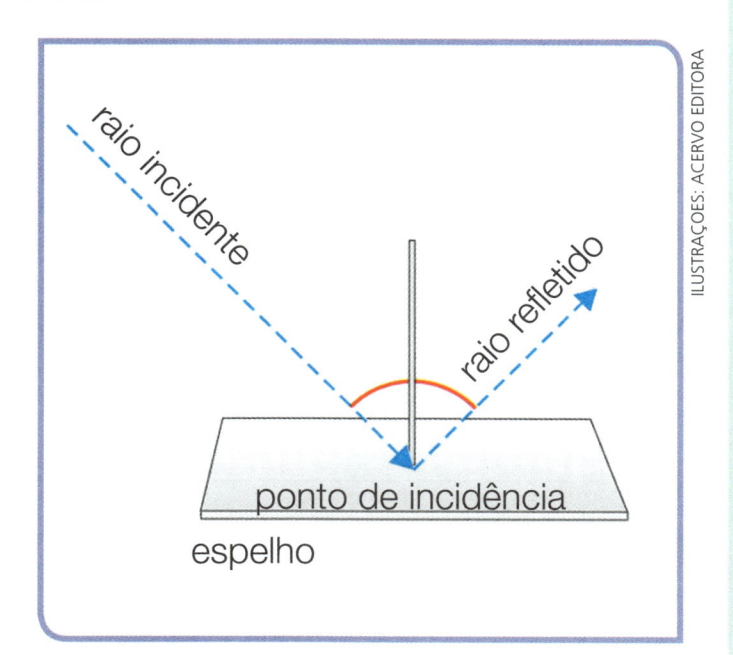

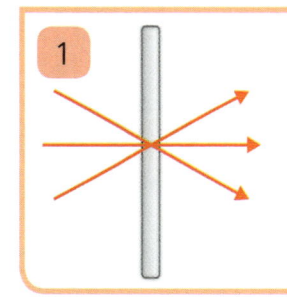

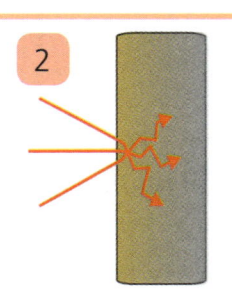

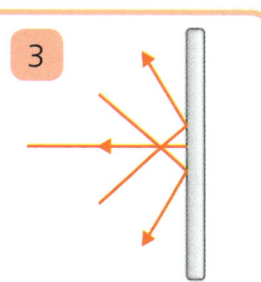

O que acontece com a luz depende do tipo de material no qual ela incide.

### Materiais opacos

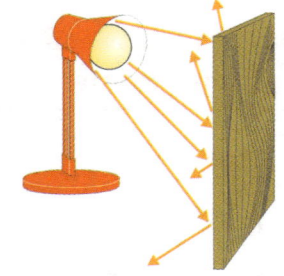

Não deixam passar a luz e por isso não é possível ver através deles. Há os que refletem a luz, como os metais, e os que absorvem a luz, como a madeira.

### Materiais translúcidos

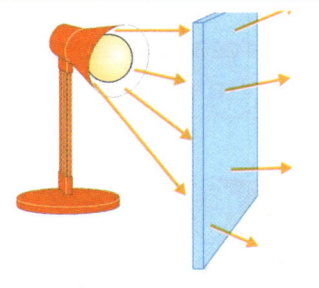

Não podemos enxergar com nitidez através deles porque os raios luminosos passam em trajetórias irregulares. Exemplos: papel vegetal, vidro fosco, alguns vidros utilizados em boxes de banheiro.

### Materiais transparentes

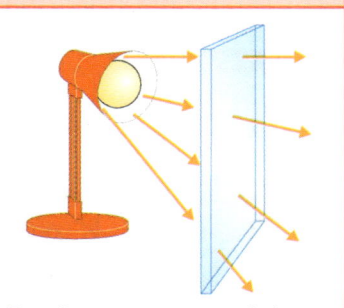

Permitem a passagem da luz em linha reta e assim podemos ver os objetos através deles. Exemplos: vidro, ar, água limpa etc.

# ATIVIDADES

**1** O que pode acontecer quando a luz atinge um objeto?

_____

_____

**2** O que é raio incidente? O que é raio refletido?

_____

_____

**3** O que é ponto de incidência?

_____

**4** O que acontece com os raios de luz que atingem um espelho?

_____

**6** Cite exemplos de materiais que refletem a luz.

_____

**7** O que acontece com a luz quando ela atinge um material transparente?

_____

**8** Complete a trajetória dos raios de luz nas ilustrações a seguir.

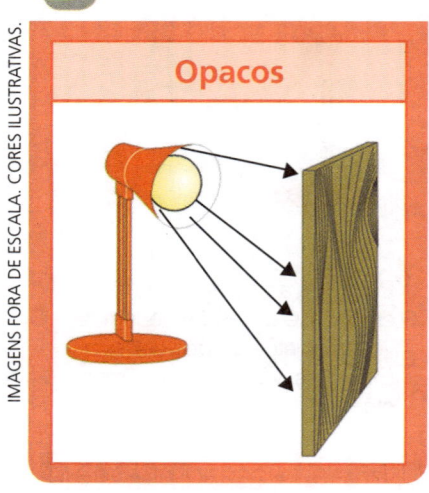

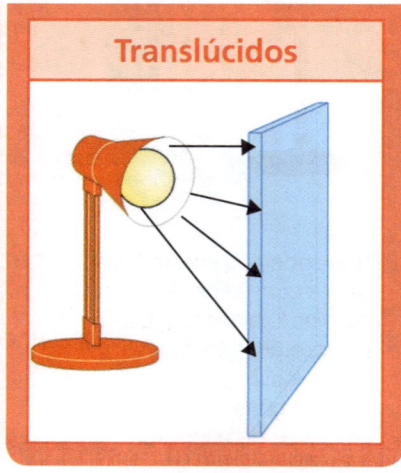

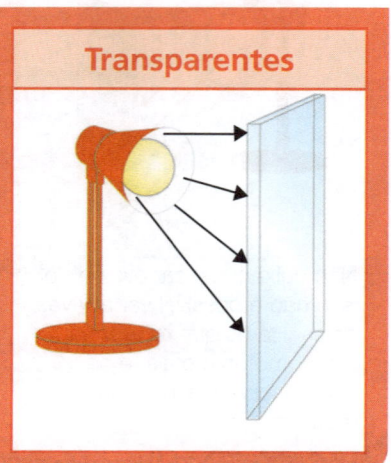

| Opacos | Translúcidos | Transparentes |
|---|---|---|

IMAGENS FORA DE ESCALA. CORES ILUSTRATIVAS.
ILUSTRAÇÕES: ACERVO EDITORA

## Fontes de luz

A fonte de luz do nosso planeta é o Sol. Sendo uma estrela, ele emite radiações geradas por reações nucleares que acontecem em seu núcleo.

As radiações solares são de vários comprimentos de onda, mas nós só vemos uma parte dessas radiações, as que formam as cores do arco-íris. Juntas, formam a luz branca, visível. Não vemos as radiações infravermelhas e as ultravioletas.

A vela e o fósforo emitem luz produzida pela combustão e a lâmpada emite luz do aquecimento do filamento por onde passa a energia elétrica.

No Sistema Solar, o Sol é o único astro que emite luz. Mas, na Via Láctea, onde está a Terra, os demais planetas e o próprio Sol, existem muitas outras estrelas que emitem radiações.

## Os materiais combustíveis

A matéria combustível é aquela que, recebendo calor inicial, tem a propriedade de reagir com o gás oxigênio do ar e entrar em combustão. Nessa reação há liberação da energia contida na matéria combustível e de gás carbônico.

Portanto, combustível é todo material que queima e libera energia. Comburente é a substância que alimenta a combustão. E o calor inicial, que pode ser a chama de um fósforo, é o calor que inicia a combustão.

A madeira, o álcool, a gasolina, o óleo diesel, o querosene e o gás de cozinha são exemplos de materiais combustíveis.

O combustível dos aviões é o querosene.

A gasolina é um dos combustíveis dos carros.

A lenha é o combustível dos fornos das pizzarias.

## Carvão mineral

O carvão mineral é um combustível fóssil formado pelo soterramento de florestas que existiram há milhões de anos. Uma vez soterradas por grandes camadas de sedimentos, as árvores lentamente petrificaram e formaram o carvão mineral. Esse carvão é extraído do subsolo.

Extração de carvão a céu aberto.

## Petróleo

O petróleo é um líquido escuro e grosso. Para ser aproveitado, precisa ser retirado do subsolo, tanto do subsolo dos continentes como do subsolo dos oceanos.

Em ambos os casos, para extraí-lo, o solo deve ser perfurado até o local do depósito; o petróleo é então retirado por meio de canos e bombas até a superfície.

A instalação para perfurar poços e retirar petróleo chama-se plataforma.

No Brasil, a maioria das reservas está no subsolo do oceano, a centenas de quilômetros da costa. Por isso, as plataformas de extração encontram-se em alto-mar. Elas são flutuantes e ficam presas ao fundo do mar por meio de âncoras.

Depois de extraído do subsolo, para ser aproveitado, o petróleo passa por uma série de transformações em uma refinaria. É o processo de refino ou refinação.

Do refino do petróleo são obtidos os derivados do petróleo, como gasolina, querosene e gás liquefeito, que servem de combustíveis. Outros derivados, como a nafta, são utilizados na fabricação de numerosos produtos, como materiais de construção, embalagens, tintas, fertilizantes, plásticos, tecidos sintéticos, além de muitos outros.

No Brasil, é na região Sudeste que estão as maiores reservas de petróleo, no subsolo submarino, a milhares

Plataforma de petróleo em alto-mar, Rio de Janeiro (RJ).

de metros de profundidade. Elas estão localizadas na costa dos estados do Rio de Janeiro, Espírito Santo e São Paulo.

Uma grande área com petróleo chama-se bacia. A Bacia de Santos, no litoral de São Paulo, é uma das maiores produtoras de petróleo do Brasil.

## Gás natural

O gás natural é um combustível fóssil, assim como o petróleo, encontrado entre rochas em áreas profundas da Terra.

O gás natural veicular (GNV) é cada vez mais usado como combustível, pois um veículo abastecido com gás natural percorre uma distância maior do que outro abastecido com a mesma quantidade de gasolina, o que gera maior economia. Outra vantagem do gás natural é que sua combustão libera menos gás carbônico e outros resíduos, sendo, portanto, menos poluente.

## Biocombustível

Uma alternativa aos combustíveis fósseis como petróleo e gás natural, os biocombustíveis representam uma opção de fonte de energia renovável e menos poluente.

No Brasil, os biocombustíveis são o etanol, produzido a partir de cana-de-açúcar, e o biodiesel, proveniente do processamento de óleos vegetais e gordura animal, por isso é considerado um combustível renovável.

O biodiesel é adicionado em proporções variáveis ao diesel derivado de petróleo como combustível para ônibus e caminhões, principalmente.

### Ciclo de produção do etanol – biocombustível

- Cana-de-açúcar é colhida e transportada até a usina.
- Na usina, a cana é moída e passa por processos de transformação química e física, resultando na formação do etanol.
- Nos postos, os veículos abastecem com etanol e a sua queima resulta na produção de $CO_2$.
- O $CO_2$ é absorvido pelas plantas para a fotossíntese.

JOSÉ LUÍS JUHAS

# ATIVIDADES

**1** O que é combustão?

_____

_____

**2** Associe as palavras relacionadas à combustão aos materiais.

| 1 | Combustível. | 2 | Comburente. | 3 | Calor inicial. |

☐ Madeira.

☐ Gás oxigênio.

☐ Álcool.

☐ Querosene.

☐ Gás natural.

☐ Fósforo.

☐ Óleo diesel.

☐ Faísca elétrica.

**3** O que a combustão produz?

_____

**4** Explique por que o carvão mineral, o petróleo e o gás natural são chamados de combustíveis fósseis.

_____

_____

_____

**5** O que são biocombustíveis?

_____

_____

# EU GOSTO DE APRENDER

Nesta lição, você estudou:
- A matéria é tudo o que existe no Universo e pode estar em três estados: sólido, líquido e gasoso. A mudança de um estado físico para outro depende muito das variações de temperatura.
- A matéria é composta por átomos, que podem se agrupar e formar moléculas.
- As mudanças do estado físico da matéria são: fusão, vaporização, condensação, solidificação e sublimação.
- As propriedades da matéria são: massa, inércia, volume, impenetrabilidade, compressibilidade e elasticidade, divisibilidade, indestrutibilidade e gravidade.
- O magnetismo é uma propriedade específica de alguns tipos de matéria. O ímã tem a força de atração magnética maior nas extremidades. A Terra tem um campo magnético produzido pelo seu núcleo.
- Alguns materiais, quando atritados, geram eletricidade. Existem materiais que são bons condutores de eletricidade e materiais que são isolantes.
- O som é produzido por vibrações que formam ondas sonoras.
- O calor é transferido de um corpo para outro. Há materiais que conduzem bem o calor, outros são isolantes.
- A passagem de luz depende do tipo do material em que ela incide. Ela pode atravessar o objeto, ser absorvida ou refletida.
- Os materiais combustíveis reagem com o gás oxigênio e entram em combustão.
- A queima dos materiais combustíveis gera energia. Os combustíveis podem ser os derivados do petróleo, o gás natural e mineral e os biocombustíveis.

## ATIVIDADE

- Observe a foto a seguir. Nela há situações que mostram o que ocorre com a luz quando incide nos materiais. Identifique o que ocorreu com a luz nos locais indicados pelas setas.

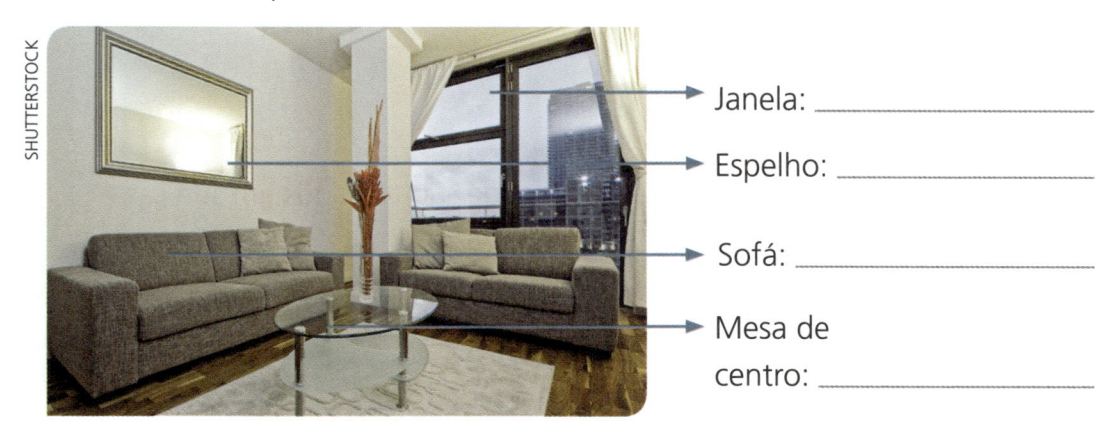

Janela: _____

Espelho: _____

Sofá: _____

Mesa de centro: _____

# EU GOSTO DE APRENDER MAIS

## Cuidados com a eletricidade

A eletricidade permite que nossa vida seja melhor, mas também pode nos prejudicar se causar queimaduras e choques.

Da cabeça aos pés, nosso corpo contém água, que é uma ótima condutora de eletricidade. Por isso, todo cuidado é pouco quando mexemos em aparelhos elétricos.

Na lista abaixo estão alguns cuidados que devemos ter com a eletricidade.

- Não ligar aparelhos elétricos em lugares molhados.
- Não mudar a posição do chuveiro de verão para inverno ou vice-versa com o chuveiro ligado.
- Não mexer em aparelhos elétricos usando objetos metálicos sem isolante para as mãos.
- Não empinar pipas onde há fios elétricos.
- Não ligar muitos aparelhos em uma única tomada.
- Não deixar fios desencapados.
- Vedar as tomadas rentes ao chão em casas onde há crianças pequenas.
- Se a lâmpada queimar, esperar que ela esfrie para ser retirada e trocada por outra e, antes da troca, desligar o interruptor.
- Não mexer na caixa de luz sem a presença de alguém que entenda de eletricidade.

Torres de transmissão de eletricidade.

## ATIVIDADE COMPLEMENTAR

- Quais dos cuidados com a eletricidade são tomados em sua casa?

_____

_____

_____

# LIÇÃO 3 — A ÁGUA NA NATUREZA

Observe as imagens a seguir

IMAGENS FORA DE ESCALA.

Oceano Atlântico.

Trecho do Rio Amazonas, que com seus afluentes, é o maior reservatório de água superficial do planeta.

Iceberg na região da Antártida.

Geleira a caminho do mar.

Montanha nevada, Cordilheira dos Andes, Chile.

Você já percebeu quanta dependência da água nós temos? Ela é necessária para todos os seres vivos, sendo que muitos deles só sobrevivem no ambiente aquático.

A camada de água que forma o planeta é chamada de hidrosfera. Ela corresponde a ¾ da superfície da Terra. Está presente em oceanos, mares, rios, lagos, geleiras, na atmosfera e no interior da Terra, na forma de água subterrânea.

A água no estado sólido é encontrada nas geleiras, grandes formações de gelo que se desprendem das montanhas e caem no mar. Esses blocos gigantes são chamados de *icebergs*.

O pico das altas montanhas também é coberto de gelo.

45

A água no estado gasoso é o vapor invisível que está por toda a parte, umedecendo o ar. Essa umidade varia de lugar para lugar e ao longo do ano: sobre as florestas ela é maior do que em regiões sem vegetação e em períodos de seca é menor do que nas épocas chuvosas.

O Brasil tem a maior reserva de água doce do planeta. Grande parte dessa riqueza está na Amazônia, região com a maior concentração de rios da Terra, entre eles o Rio Amazonas e seus **afluentes**. Eles, por sua vez, têm outros afluentes que formam uma imensa rede de rios.

Trecho do Rio Negro e Floresta Amazônica. O rio é um dos afluentes do Rio Amazonas.

No território brasileiro também há uma boa quantidade de água nos **reservatórios subterrâneos**: os aquíferos.

Os aquíferos espalham-se pelo subsolo. Um deles é o Aquífero Guarani, uma das maiores reservas subterrâneas de água doce do mundo. A água armazenada nos **poros das rochas** do subsolo é suficiente para abastecer a população mundial por mais de cem anos.

## VOCABULÁRIO

**afluente:** rio que deságua em outro rio maior.
**reservatório subterrâneo:** quantidade de água doce armazenada entre as rochas do subsolo ou dentro delas.
**poro da rocha:** abertura pequena que existe nas rochas pela qual a água penetra.

A área ocupada pelo aquífero é equivalente aos territórios da Inglaterra, França e Espanha juntos. Dois terços dele ficam em território brasileiro. Observe o mapa a seguir.

**LOCALIZAÇÃO DO AQUÍFERO GUARANI**

**A EXTENSÃO DA RESERVA**
Brasil – 840 mil km²
Paraguai – 58,5 mil km²
Uruguai – 58,5 mil km²
Argentina – 255 mil km²
TOTAL: 1,2 milhão km²

ESCALA: 1 cm = 478 km

LEGENDA: Aquífero Guarani

Fonte: Agência Nacional de Águas.

No Brasil, o aquífero se estende pelos estados de Goiás, Mato Grosso, Mato Grosso do Sul, Minas Gerais, São Paulo, Paraná, Santa Catarina e Rio Grande do Sul. Sua água é utilizada em pequena quantidade no Rio Grande do Sul e abastece a cidade de Ribeirão Preto, no estado de São Paulo.

A água do Aquífero Guarani, mesmo ainda sendo pouco utilizada para consumo, já está contaminada por causa dos poluentes que se infiltram no solo, atingindo a camada de rochas. Por essa razão, vários estudos estão sendo realizados para que a água desse reservatório não tenha sua qualidade prejudicada.

> A água dos aquíferos passa pelos poros das rochas. É uma água tão limpa que não precisa nem ser tratada para ser consumida.

## Rios voadores – água da Amazônia para outras partes do país

Na Floresta Amazônica ocorre o fenômeno natural conhecido como "rios voadores", que são cursos d'água formados a partir da transpiração das árvores. Uma única árvore pode colocar na atmosfera mais de mil litros de água em um dia.

Esse fenômeno é responsável por transportar a umidade da Amazônia para o Centro-Oeste, o Sudeste e o Sul do Brasil, e também para o norte de Argentina, Uruguai, Paraguai, Colômbia, ainda para Venezuela, Guiana, Guiana Francesa e Suriname, influindo no clima dessas regiões, principalmente no regime de chuvas.

Em função do desmatamento progressivo da Floresta Amazônica, os rios – em vez de continuarem transportando umidade – passam a deslocar fumaça e poeira em suspensão (associada às queimadas) desde a Amazônia até o sul do Brasil.

O tema é tão importante que existe um projeto sobre os rios voadores. Você pode acessar o *site* desse projeto e se informar mais sobre o assunto em www.riosvoadores.com.br (acesso em: 30 jul. 2022).

As nuvens carregadas de umidade descarregam suas águas no sul de Goiás.

## ATIVIDADE

- Você acredita que exista relação entre as secas frequentes do Centro-Oeste e do Sudeste com a destruição da Floresta Amazônica? Por quê?

## O ciclo da água

A circulação da água na natureza constitui o chamado ciclo da água. Nesse ciclo, a água está sempre mudando de estado físico. Vamos conhecê-lo?

1. Sob a ação dos ventos e dos raios solares, a água de rios, lagos e oceanos evapora. Os seres vivos também perdem água pela transpiração e alguns animais eliminam água pela urina.
2. O vapor de água sobe e encontra camadas frias da atmosfera, condensa-se em gotículas de água que formam as nuvens.
3. Essas gotinhas se reúnem e formam gotas maiores, que caem na forma de chuva. Se o frio for intenso, elas formam neve ou granizo (chuva de pedras).
4. A água da chuva se infiltra no solo, onde é absorvida pelas raízes das plantas; acumula-se entre rochas e, nas rochas porosas, chega à superfície e forma as nascentes dos rios.

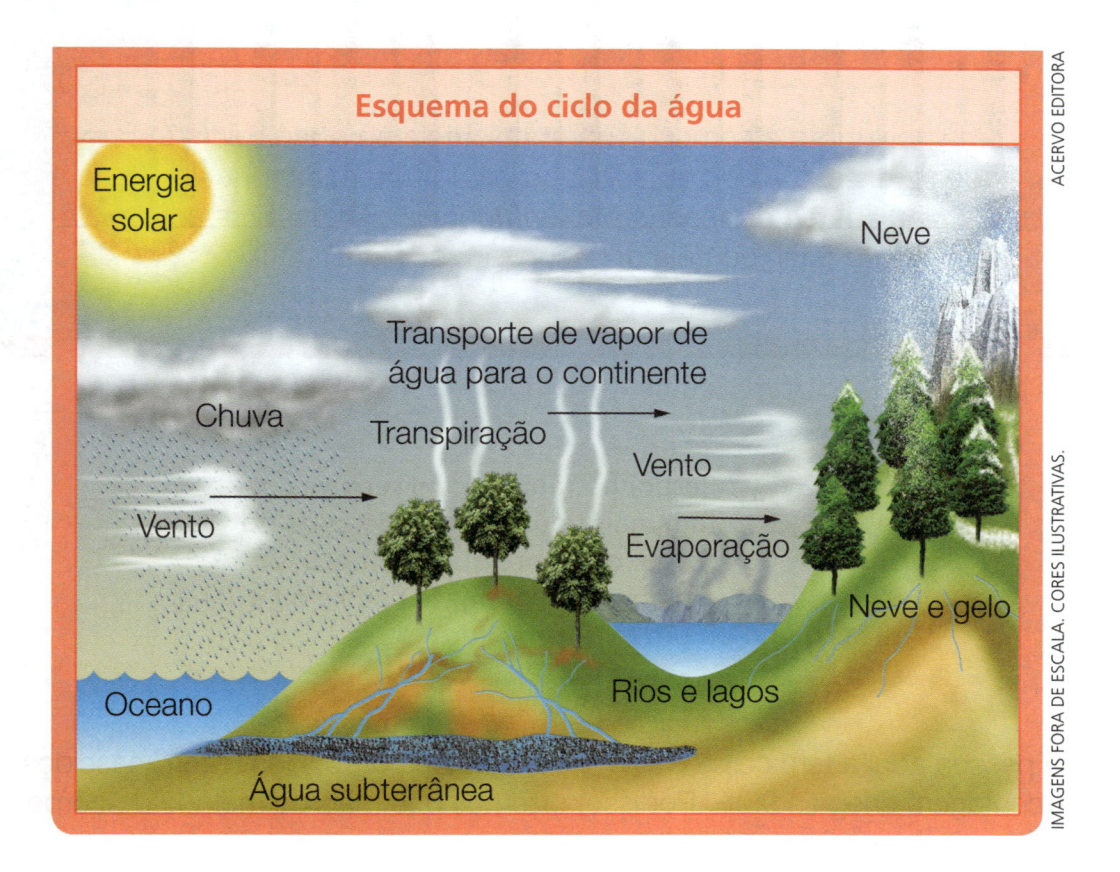

**Esquema do ciclo da água**

Energia solar — Neve — Transporte de vapor de água para o continente — Chuva — Transpiração — Vento — Vento — Evaporação — Neve e gelo — Oceano — Rios e lagos — Água subterrânea

IMAGENS FORA DE ESCALA. CORES ILUSTRATIVAS.
ACERVO EDITORA

A energia solar mantém esse ciclo contínuo em todos os lugares da Terra e desde que ela existe. A água que bebemos hoje é a mesma água que os dinossauros beberam há milhões de anos.

## A água nos seres vivos

Cada espécie de ser vivo tem determinada porcentagem de água no corpo. Observe o gráfico a seguir.

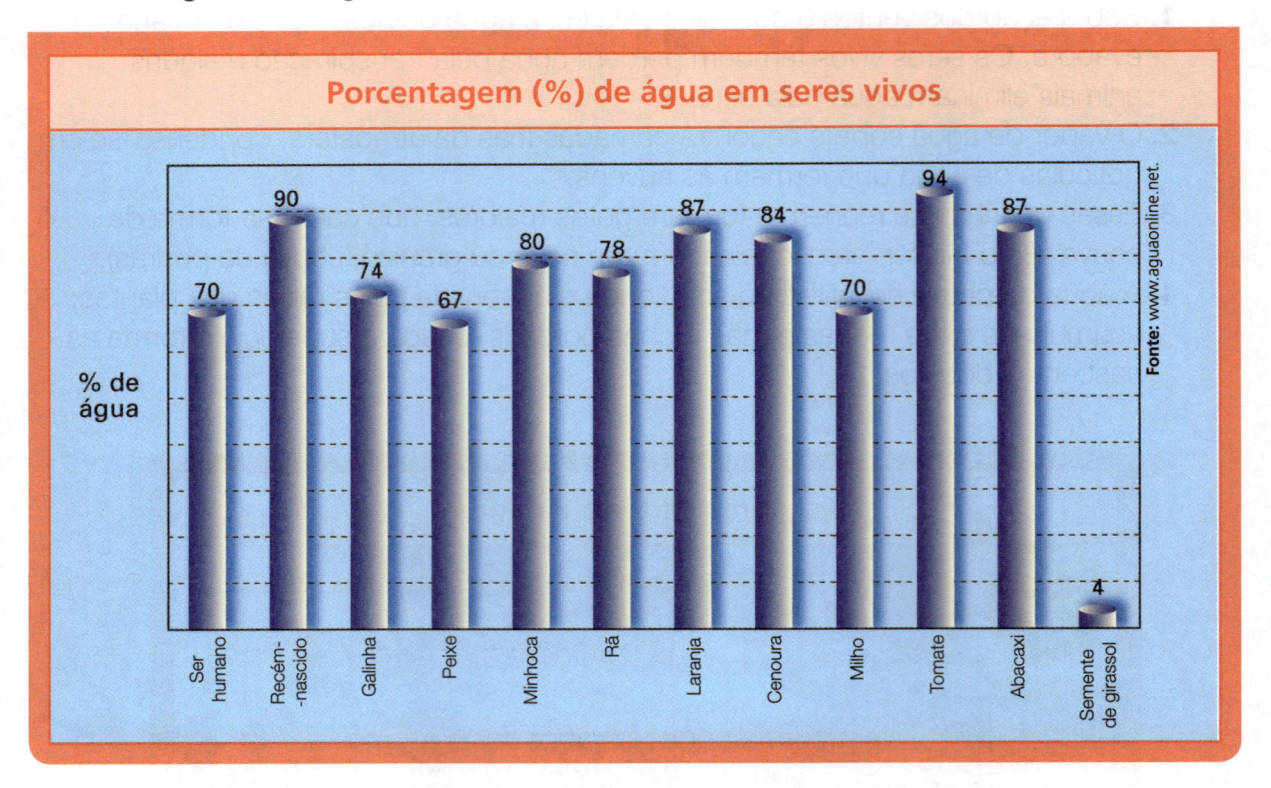

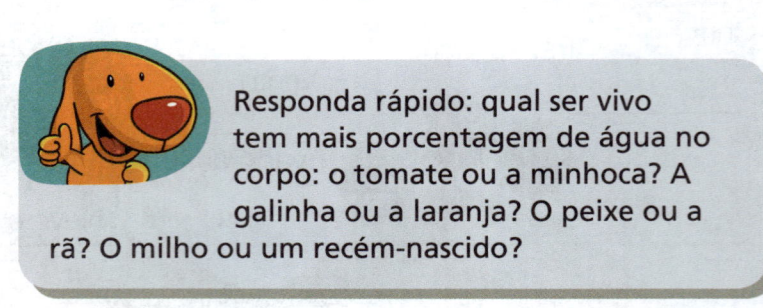

**Porcentagem (%) de água em seres vivos**

| Ser vivo | % de água |
|---|---|
| Ser humano | 70 |
| Recém-nascido | 90 |
| Galinha | 74 |
| Peixe | 67 |
| Minhoca | 80 |
| Rã | 78 |
| Laranja | 87 |
| Cenoura | 84 |
| Milho | 70 |
| Tomate | 94 |
| Abacaxi | 87 |
| Semente de girassol | 4 |

Fonte: www.aguaonline.net.

Responda rápido: qual ser vivo tem mais porcentagem de água no corpo: o tomate ou a minhoca? A galinha ou a laranja? O peixe ou a rã? O milho ou um recém-nascido?

Uma pessoa adulta tem cerca de 70% de água no corpo. Nos recém-nascidos essa porcentagem chega a 90%. Por isso, dizemos que mais da metade do corpo humano é formada por água.

Nossa necessidade de água é de cerca de dois litros por dia, contando a água que ingerimos com os alimentos.

Algumas partes do corpo humano têm mais água; outras, menos. O sangue tem 80% de água e nela estão dissolvidas vitaminas, sais minerais, proteínas, gorduras e açúcares.

O sangue é filtrado pelos rins e os produtos tóxicos ficam dissolvidos na água, formando a urina, que é eliminada. Também perdemos água pela transpiração e pelas fezes.

## Água, elemento da natureza

A água é um recurso natural. Ela é um bem de domínio público: todas as espécies da Terra têm direito a ela, pois é vital para a existência.

A água propicia saúde, conforto e riqueza ao ser humano por meio de seus usos: abastecimento das populações, irrigação, produção de energia, lazer e navegação.

Poluição de rio em Manaus (AM).

No mundo inteiro ainda domina a cultura do desperdício de água e a crença de que se trata de um recurso natural ilimitado. Afinal, se sempre chove, sempre há renovação de água – o que não é verdade, pois o ciclo da água já não consegue mais purificá-la.

O crescimento da população mundial está tornando a água o recurso natural estratégico para todos os países. A cada mil litros de água utilizados, outros 10 mil são poluídos. Dessa maneira, cada cidadão não tem apenas o direito de usufruir da água, mas também tem o dever de preservá-la.

## ATIVIDADES

**1** Marque com **X** as afirmações verdadeiras.

☐ Nas altas montanhas e nos polos encontramos água na forma de gelo.

☐ A água no estado líquido é encontrada apenas na superfície da Terra.

☐ A água pode ser encontrada nos estados sólido, líquido e gasoso.

☐ A água compõe mais da metade do corpo dos seres humanos.

**2** Em qual estado a água se encontra nos elementos da foto a seguir?

a) oceano _____

b) *iceberg* _____

c) nuvens _____

d) ar _____

51

**3** Observe o gráfico de distribuição de água na Terra.

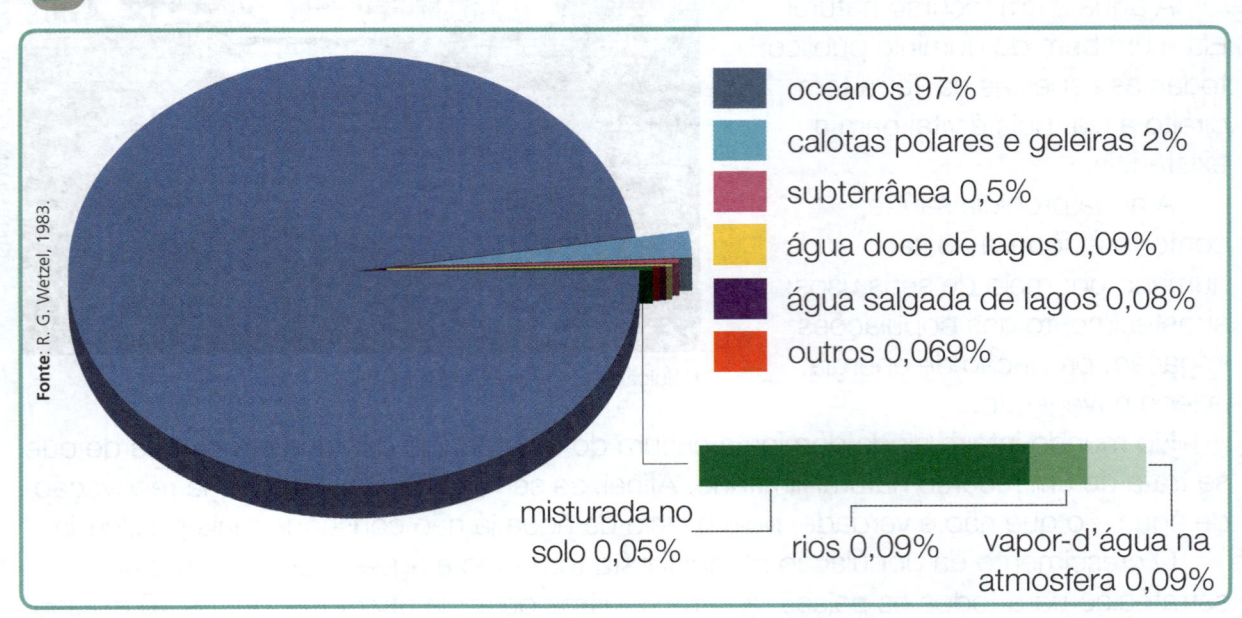

- oceanos 97%
- calotas polares e geleiras 2%
- subterrânea 0,5%
- água doce de lagos 0,09%
- água salgada de lagos 0,08%
- outros 0,069%

misturada no solo 0,05%  rios 0,09%  vapor-d'água na atmosfera 0,09%

Fonte: R. G. Wetzel, 1983.

- Com base nos dados do gráfico, ligue as informações das colunas a seguir.

97% — Água doce de rios e lagos, inclusive o vapor-d'água da atmosfera.

2% — Água doce subterrânea.

0,5% — Água doce das calotas polares e das geleiras.

0,27% — Água nos oceanos, rica em sais minerais.

**4** Observe o esquema do ciclo da água da página 49. Explique quais os processos de mudança de estado da água estão envolvidos.

_____
_____
_____

52

# EU GOSTO DE APRENDER

Leia os itens que você estudou nesta lição.

- O Brasil tem a maior reserva de água doce do planeta, sendo que uma parte dela está nos reservatórios subterrâneos.
- A circulação da água na natureza é chamada de ciclo da água.
- Cada espécie de ser vivo tem uma porcentagem de água no corpo.
- A água é um recurso natural essencial a todos os seres vivos e propicia saúde e riqueza ao ser humano. Porém o desperdício desse recurso ainda prevalece.

## ATIVIDADE

- Quais são as atitudes que podemos ter dentro de casa para diminuir o desperdício de água?

_____
_____
_____
_____

## LEIA MAIS

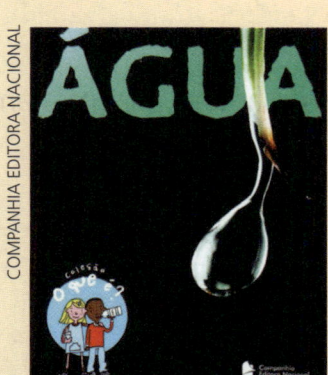

**Água**

Charline Zeitoun. Ilustrações de Peter Allen. São Paulo: Companhia Editora Nacional, 2012.

A água está por todos os lados. Ela enche os oceanos, corre da torneira ou cai em gotas de chuva. Mas o que é a água? Como ela se transforma em gelo? Por que os barcos flutuam? Realize as experiências propostas para saber tudo sobre esse precioso líquido.

# EU GOSTO DE APRENDER MAIS

### Doce no salgado

Sabia que existe água potável escondida no fundo nos oceanos?

Uma das grandes preocupações da humanidade nos dias de hoje é a possível falta de água doce em um futuro muito próximo. [...] Por isso, cientistas de todo o mundo procuram reservatórios de água doce. Você deve ter pensado em lagos, rios e lençóis freáticos. Sim, essas são as fontes mais comuns de água potável. Mas pesquisadores têm encontrado água doce em um lugar muito improvável: nos oceanos!

No fundo do mar, debaixo de toda a água salgada, têm sido descobertos bolsões de água doce que se formaram há muitos e muitos anos. Os cientistas acreditam que, quando os oceanos eram menores e não cobriram tantas áreas quanto hoje, a água potável foi se acumulando em rochas que, mais tarde, foram cobertas por sedimentos e, depois, pelos oceanos. Esses sedimentos mantêm a água doce isolada da água do mar até hoje.

[...] O biólogo Jean Remy, da Universidade Federal do Rio de Janeiro, diz que é preciso ter cuidado antes de pensar em retirar a água do fundo do mar.

"Não sabemos direito a origem, a idade e a dinâmica dessa água, nem o efeito que sua extração poderia ter sobre os lençóis freáticos dos quais dependemos hoje, nem qual seria o custo de extração, transporte e tratamento, muito menos qual seria a qualidade da água no final do processo", alerta.

Então, já sabem, né? Mesmo tendo conhecimento desses bolsões, devemos continuar poupando nossa preciosa água, pois se não fizermos nada, um dia ela pode acabar.

LUCARINY, Lucas. Doce no salgado. *Ciência Hoje das Crianças*, 6 fev. 2014. Disponível em: http://chc.org.br/doce-no-salgado/. Acesso em: 30 jul. 2022.

## ATIVIDADES COMPLEMENTARES

**1** De acordo com o texto, em qual lugar incomum os pesquisadores encontraram água potável?

**2** Pesquise outras formas de aproveitamento da água do mar.

# LIÇÃO 4 — A ATMOSFERA DA TERRA

Observe a imagem a seguir.

Fotografia da atmosfera.

A imagem mostra uma camada de atmosfera iluminada pelo Sol e com as nuvens. Embora não possamos ver a atmosfera, sabemos que ela existe quando percebemos ou sentimos o vento, quando respiramos.

A atmosfera é composta por gases e envolve o nosso planeta até cerca de 11 km de altura a partir da superfície. Esse ar é formado por uma mistura de gases, como nitrogênio, oxigênio, gás carbônico, vapor-d'água e outros em menor quantidade. Partículas sólidas e líquidas flutuam no ar, sendo que nas baixas altitudes há maior quantidade de gases do que nas altas altitudes.

A vida na Terra não seria possível sem a atmosfera. Ela mantém o calor da Terra e filtra grande parte das radiações solares prejudiciais à vida. Além disso, os gases são muito importantes para a vida na Terra.

O gás oxigênio é absorvido pela maioria dos seres vivos para a obtenção da energia necessária à vida. O gás carbônico é essencial na produção do alimento de que as plantas precisam para crescer e se reproduzir. O nitrogênio do ar é fixado por bactérias e transformado em sais que são absorvidos pelas plantas e utilizados para formar proteínas.

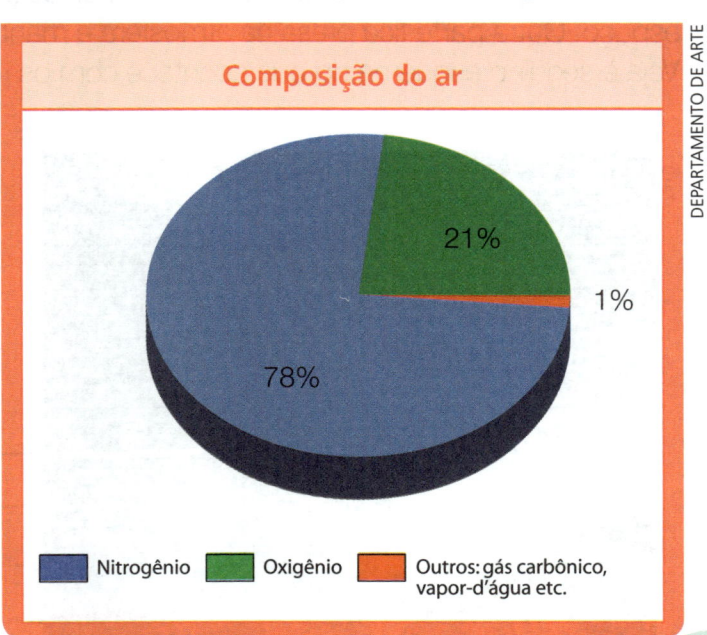

**Composição do ar**

- Nitrogênio: 78%
- Oxigênio: 21%
- Outros: gás carbônico, vapor-d'água etc.: 1%

## Efeito estufa e aquecimento da Terra

A temperatura da Terra está aumentando no mundo inteiro. Esse aquecimento é causado pelo aumento da presença de gases de **efeito estufa** na atmosfera.

O efeito estufa do planeta é semelhante àquele que ocorre em uma estufa de vidro para o cultivo de plantas. Nessa estufa, os raios solares entram através do vidro e aquecem o chão e os objetos. Aquecidos, eles emitem raios infravermelhos (calor). Parte dessa radiação sai pelo vidro e parte fica presa na estufa. Desse modo, ela permanece aquecida durante a noite.

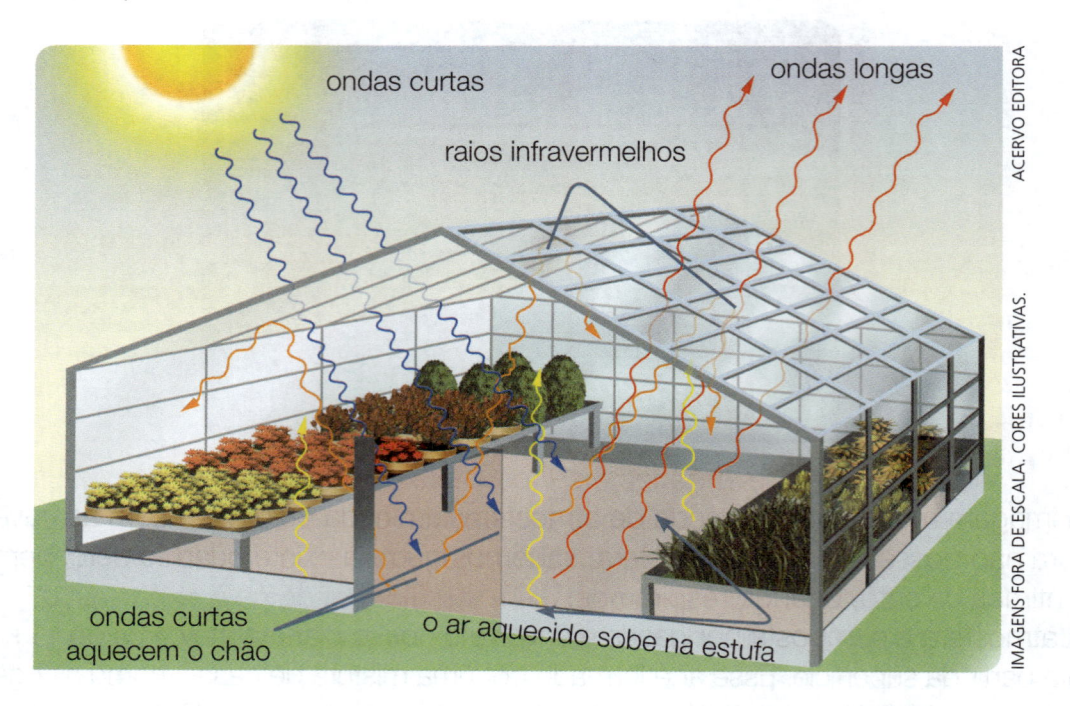

No efeito estufa, as radiações solares atravessam a atmosfera e aquecem a superfície terrestre. Aquecida, ela emite raios infravermelhos (calor). Parte dessa radiação vai para o espaço. Outra parte fica presa na atmosfera e mantém o planeta aquecido durante a noite. Veja a seguir o esquema do que acontece com os raios solares que chegam até a Terra.

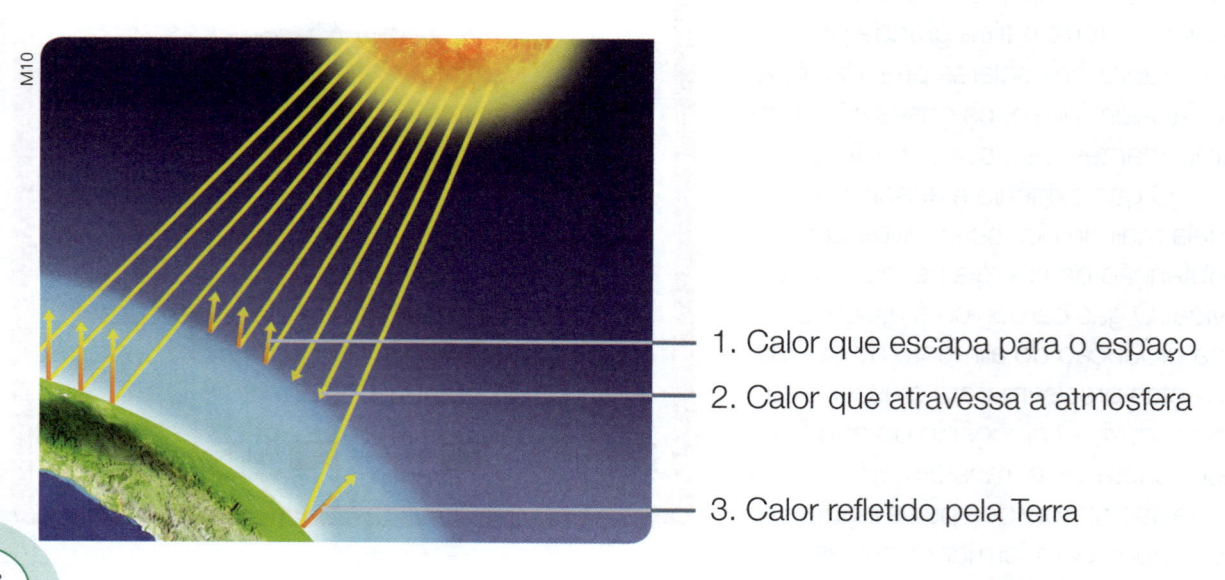

1. Calor que escapa para o espaço
2. Calor que atravessa a atmosfera
3. Calor refletido pela Terra

O aumento da presença de gases de efeito estufa tem provocado maior aquecimento da Terra. Esse aumento se deve ao acúmulo de gases produzidos pelas atividades humanas, principalmente o gás carbônico emitido pela queima de combustíveis. Se o aquecimento da Terra continuar aumentando, haverá elevação da temperatura, derretimento do gelo nos polos, aumento de água nos mares e maior incidência de furacões.

### Camada de ozônio

O ozônio é um gás da atmosfera que se acumula em uma camada situada entre 10 e 50 km de altitude e filtra parte dos raios ultravioleta, que fazem parte das radiações solares e são nocivos à nossa saúde, à agricultura e à vida de outros seres vivos.

Em 1977, os cientistas descobriram que o ozônio estava sendo destruído por substâncias químicas liberadas no ar, como os **clorofluorcarbonos**. Havia um buraco na camada de ozônio. Por isso, na década de 1980 vários países se comprometeram a não usar mais esses compostos. Em 2014, cientistas das Nações Unidas e da Organização Meteorológica Mundial anunciaram que o buraco na camada de ozônio não estava mais aumentando e espera-se que o problema esteja resolvido até metade deste século.

## VOCABULÁRIO

**clorofluorcarbonos:** conjunto de compostos químicos usados em sistema de refrigeração como geladeiras e condicionadores de ar e na fabricação de frascos do tipo aerossol.

## ATIVIDADES

**1** Complete as frases.

Atmosfera é _____.

A atmosfera é formada de _____

_____.

A atmosfera protege os seres vivos dos _____.

**2** O que é efeito estufa? Complete os espaços para defini-lo.

O Sol penetra na _____ e aquece a superfície terrestre.

Uma parte do calor do Sol fica _____

e outra parte _____.

**3** Qual é a causa do aumento do efeito estufa?

_____
_____
_____

**4** Qual é a consequência do aumento do efeito estufa?

_____
_____
_____

**5** Qual é a importância da camada de ozônio?

_____
_____
_____

**6** No verão de 2010-2011 houve redução de 40% da camada de ozônio no Ártico, conforme noticiado pela Organização Meteorológica Mundial (OMM). Com base nessa informação, responda.

- A diminuição da camada de ozônio deve trazer alguma preocupação à população do Hemisfério Norte? Por quê?

_____
_____
_____

## Os ventos

Não podemos ver o ar, mas conseguimos sentir o vento no rosto e observar como ele movimenta a copa das árvores, levanta folhas e balança as roupas no varal.

À beira-mar, podemos perceber o movimento do ar. Durante o dia, bem perto do solo, o vento parte do mar e vai em direção à terra firme. Mais para o alto, o movimento acontece ao contrário: da terra firme em direção ao mar. Isso acontece porque os raios solares aquecem mais rápido a terra firme do que a água do mar. Então, o ar sobre a terra firme fica quente e sobe. O ar frio ocupa o lugar do ar quente que subiu. À noite, o movimento acontece ao contrário, pois a terra esfria mais rapidamente do que o mar.

A direção do vento à beira-mar muda ao anoitecer.

Conheça a classificação dos ventos de acordo com sua intensidade:
- **brisa**: vento suave, com velocidade inferior a 50 km/h.
- **ciclone**: vento circular de alta velocidade.
- **tufão**: é o nome que se dá aos ciclones formados no sul da Ásia e no Oceano Índico.
- **furacão**: ciclone com velocidade igual ou superior a 119 km/h que se forma no Oceano Atlântico, próximo ao Mar do Caribe ou nos Estados Unidos.
- **tornado**: é o mais forte dos ciclones, com alto poder de destruição, pois seus ventos atingem até 490 km/h.

Imagem de satélite do Furacão Ida se aproximando da costa sudeste dos Estados Unidos, em 2021.

Tornado, Estados Unidos, 2017.

## Clima e tempo

O tempo varia muito: há dias quentes, frios, chuvosos, secos, com muito ou pouco vento. Quando perguntamos como está o tempo, queremos saber quais são as condições atmosféricas (qual é a temperatura, se está ensolarado, se está chovendo etc.) em um dia, dois dias, uma semana.

O clima é diferente do tempo. Ele é característico de uma região. No Brasil, por exemplo, o clima do Sul é muito frio no inverno e quente no verão, enquanto no Nordeste é sempre quente e chove mais no inverno.

Quando queremos saber o tempo que vai fazer durante o dia, podemos olhar o céu para ver se o dia está claro, sem nuvens, ou se está com nuvens escuras, que indicam chuva. Também podemos ler a previsão do tempo que é publicada nos jornais ou informada pela televisão.

A ciência que estuda e prevê as variações temporárias do clima é a meteorologia. Quem estuda essa ciência é o meteorologista. Ele analisa os dados coletados pelos satélites artificiais e por vários instrumentos instalados nas estações meteorológicas.

Com os dados obtidos por esses aparelhos, o meteorologista pode prever as mudanças do clima nos próximos dias.

Satélite meteorológico que envia informações sobre o clima para as estações meteorológicas.

Veja como são os instrumentos das estações meteorológicas e sua utilidade.

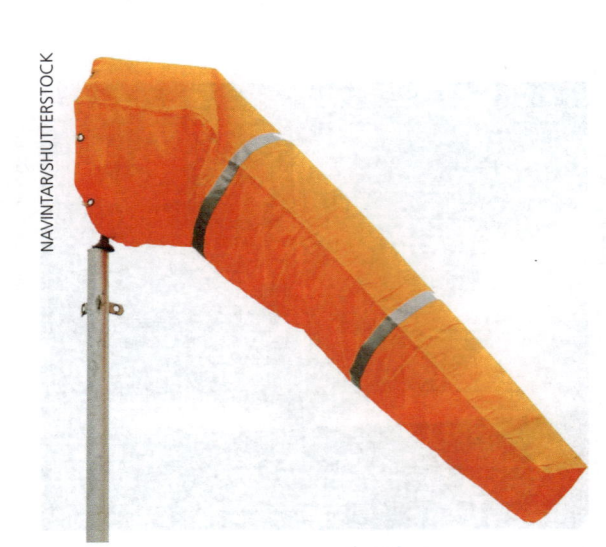

Biruta: indica a direção do vento.

Barômetro: mede a pressão atmosférica.

Anemômetro: mede a velocidade dos ventos.

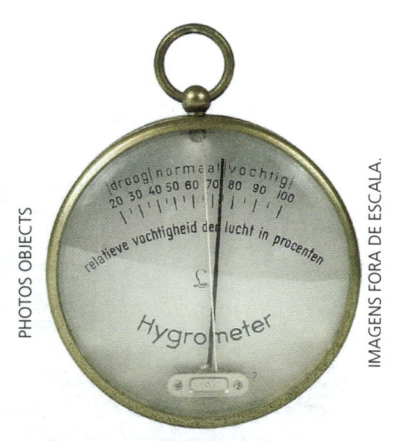

Higrômetro: mede a umidade do ar.

## O clima da Terra

O Polo Sul e o Polo Norte são as regiões mais frias do planeta. A temperatura média anual nessas regiões é baixa: no inverno pode atingir valores inferiores a 50 °C negativos e no verão não ultrapassa 0 °C negativo.

Pinguins na Antártida.

Urso-polar no Ártico.

Os desertos são regiões muito secas, quase sem umidade, porque nelas raramente chove. É muito quente durante o dia e muito frio à noite.

Dromedário no deserto.

A Amazônia é uma região muito úmida e quente. Lá chove praticamente todos os dias e, quando não chove, a transpiração das plantas e a evaporação da água deixam o ar carregado de vapor-d'água.

Formação de nuvens na Amazônia, região do Rio Urubu.

O clima é um dos fatores que caracteriza um ambiente e, por consequência, tem influência na sobrevivência dos seres vivos e nas atividades humanas. Ninguém pensaria, por exemplo, em plantar bananas no clima do deserto, pois o ar seco e a pouca umidade não permitiriam o desenvolvimento natural da bananeira. Do mesmo modo, um cacto típico do deserto também não poderia crescer naturalmente no ambiente úmido de uma floresta tropical.

As condições de temperatura e umidade, elementos do clima, são importantes em vários processos que ocorrem na natureza. No caso do jacaré-do-pantanal, a temperatura de incubação dos ovos determina o sexo dos futuros jacarés. Se o ninho é incubado à temperatura menor que 31,5 °C, os ovos produzem fêmeas; se incubado à temperatura maior que 31,5 °C, nascem principalmente filhotes machos.

Muitos animais têm a temperatura do corpo idêntica à do ambiente, como é o caso de sapos, cobras, tartarugas, jacarés, lagartixas, calangos e peixes. Eles são chamados de **ectotermos**. Outros mantêm o corpo em determinada temperatura, independentemente do meio exterior, como é o caso das aves e dos mamíferos, que são chamados de **endotermos**.

A temperatura de incubação do ovo do jacaré-do--pantanal define o sexo do futuro filhote.

Algumas aves migram de uma região para outra quando mudam as estações. É o caso do pássaro-tesoura, que vive no Sul e no Sudeste do Brasil boa parte do ano, mas, quando chega o inverno, migra para a Amazônia.

O pássaro-tesoura ou tesourinha migra para a Amazônia quando é inverno no Sul e no Sudeste.

## ATIVIDADES

**1** Escreva como está o tempo.

chuvoso – parcialmente nublado – nublado – ensolarado

IMAGENS FORA DE ESCALA. CORES ILUSTRATIVAS.

**2** Como se chama o cientista que faz a previsão do tempo?
_____

**3** Leia as afirmativas e indique **1** quando se referir ao clima e **2** quando for ao tempo.

a) Vou levar o guarda-chuva, porque parece que vai chover. ☐

b) Durante o verão as chuvas são mais frequentes que no inverno. ☐

c) A Amazônia é uma região quente e úmida. ☐

d) O deserto é sempre quente e seco ☐

e) Hoje a temperatura máxima prevista será de 25 °C. ☐

**4** Indique o tipo de instrumento usado para indicar as condições meteorológicas.

a) A pressão do ar hoje está elevada. _____

b) O ar está seco porque a umidade está baixa. _____

c) Vamos mudar o curso do barco, porque o vento está na direção contrária.
_____

d) Vem um temporal, porque a velocidade do vento aumentou. _____
_____

**5** Como podem ser os seres vivos em relação à temperatura do corpo?
_____
_____
_____
_____
_____

# EU GOSTO DE APRENDER

Leia o que você estudou nesta lição.

- A atmosfera é uma camada de gases que envolve o planeta, mantém o calor e filtra grande parte das radiações solares prejudiciais à vida.
- O efeito estufa é o fenômeno que acontece quando as radiações solares atravessam a atmosfera e aquecem a superfície terrestre.
- O acúmulo de gases produzidos pelas atividades humanas está intensificando o efeito estufa e causando o aumento da temperatura média do planeta.
- A camada de ozônio filtra parte dos raios ultravioleta, que são nocivos à saúde.
- O vento é o ar em movimento. Ele é classificado de acordo com sua intensidade: brisa, ciclone, tufão, furacão e tornado.
- As condições atmosféricas em um dia são chamadas de tempo, já o clima é a característica de uma região. A ciência que estuda as variações do clima é a meteorologia.
- O clima é um dos fatores que caracteriza um ambiente e tem consequência direta na sobrevivência dos seres vivos.

## ATIVIDADES

**1** Qual é a importância do gás oxigênio para os seres vivos?

_____
_____

**2** Indique a classificação dos ventos de acordo com a descrição.

| A | Vento suave. | ☐ Ciclone. |
| B | Nome que se dá aos ciclones formados no sul da Ásia e no Oceano Índico. | ☐ Brisa. |
| C | Ventos circulares de alta velocidade. | ☐ Tufão. |

**3** Pesquise e descreva qual é o clima da região onde você mora.

_____
_____

# EU GOSTO DE APRENDER MAIS

## O vento assobia e gera luz elétrica

A energia produzida pelos ventos se chama energia eólica. Para conseguir energia elétrica por meio desse processo, é preciso levar grandes turbinas para lugares de muito vento. [...]

Turbinas eólicas em Guamaré (RN), local que concentra quatro parques eólicos.

Com as modernas turbinas de energia eólica, quando as hélices rodam, o movimento produz energia elétrica, que fica armazenada em um gerador. Do gerador, a energia é transmitida por cabos e fios até os lugares onde ela vai ser consumida: casas, escolas.

As fazendas eólicas, apesar de não queimarem combustíveis e não emitirem poluentes, alteram as paisagens com suas torres e hélices e podem ameaçar pássaros, se instaladas em rotas de migração. Também emitem um ruído de baixa frequência que pode causar incômodo nas pessoas e interferência na transmissão de televisão.

CANAL KIDS. Energia Eólica. O vento assobia e gera luz elétrica.
Disponível em: www.canalkids.com.br/meioambiente/cuidandodoplaneta/forca.htm.
Acesso em: 30 jul. 2012.

# ATIVIDADES COMPLEMENTARES

**1** O que é energia eólica?

_____

**2** Essa forma de energia emite poluentes?

_____

**3** Quais são os impactos ambientais causados na obtenção de energia eólica?

_____

_____

**4** Como a energia dos ventos pode ser aproveitada?

_____

_____

**5** Cite duas desvantagens atribuídas à produção de energia eólica.

_____

_____

**6** Encontre, no diagrama a seguir, o nome de gases que compõem o ar atmosférico.

| A | V | C | F | R | O | M | H | V | A | W | Q | Q | O | W |
|---|---|---|---|---|---|---|---|---|---|---|---|---|---|---|
| N | A | V | O | X | N | B | I | S | A | Q | E | C | O | P |
| B | P | C | X | C | E | F | G | P | L | H | W | A | O | X |
| V | O | P | I | D | V | T | M | X | R | C | A | C | P | M |
| N | R | H | G | Á | S | C | A | R | B | Ô | N | I | C | O |
| C | D | Ç | Ê | B | R | S | V | R | O | D | M | U | R | P |
| L | E | G | N | I | K | R | T | W | I | M | O | P | X | Z |
| O | Á | N | I | T | R | O | G | Ê | N | I | O | X | J | O |
| Z | G | T | O | D | W | Y | K | W | Q | M | Y | M | Z | U |
| O | U | S | V | B | M | V | T | Y | U | B | T | X | E | P |
| B | A | R | S | P | B | W | N | T | X | Y | U | P | Ç | C |

## LIÇÃO 5
# RELAÇÕES DO SER HUMANO COM A NATUREZA

Em todas as regiões da Terra encontramos a interferência dos seres humanos na natureza.

Ponte sobre o mar, Flórida (EUA).

Pessoas andando ao longo da Grande Muralha da China.

Cabanas à margem do Rio Amazonas, Iquitos, Peru.

Vista da baía de Guanabara, com o morro do Pão de Açúcar, Rio de Janeiro (RJ).

Tudo o que o ser humano faz é com recursos do ambiente. Essa interferência começou há 10 mil anos quando ele iniciou o processo de domesticação das plantas e dos animais, construiu abrigos, pontes, estradas e, com o passar do tempo, criou impérios e cidades. O ser humano também represou rios, aterrou os mares, irrigou a terra seca e tantas outras ações para a construção da sociedade moderna.

## Mudanças ambientais provocadas pelas atividades humanas

Todas as atividades humanas modificam o ambiente de muitas maneiras.

### Derrubada da vegetação natural

Qualquer que seja a ação humana em um ambiente natural, a primeira mudança é a derrubada da vegetação para a agricultura, criação de pastagens, abertura de estradas, construção de vilas, cidades, pontes, aeroportos etc.

Muitas vezes, a vegetação natural é queimada, o que altera a qualidade do solo. Outras vezes as árvores são abatidas e a madeira, aproveitada.

O desmatamento para ocupação do espaço está sendo feito há muito tempo e continua até hoje.

*Derrubada de uma floresta* (cerca de 1820-1825), de Johann Moritz Rugendas. Litografia sobre papel, 21,6 cm × 28,5 cm.

### Adubação com produtos químicos

Depois de vários plantios, a terra é adubada, o que também modifica sua composição natural. O adubo é carregado pelas chuvas para os rios próximos, alterando a qualidade da água.

Os adubos químicos usados em excesso se acumulam nos vegetais, com efeitos desconhecidos para a saúde humana.

### Uso de agrotóxicos

Inseticidas e herbicidas são aplicados nas plantações para matar insetos e ervas naturais, chamadas daninhas. São necessárias várias aplicações para garantir melhor efeito. Esses venenos matam muitos insetos, que são comidos por aves, as quais ficam também envenenadas. Outros herbívoros contaminados são alimento para os carnívoros, que ficam intoxicados. E a água da chuva leva os agrotóxicos para os rios, alterando esse ambiente e podendo matar muitas formas de vida.

Pulverização aérea em plantação de algodão.

## Uso de máquinas pesadas

As monoculturas são extensas áreas com o cultivo de um mesmo vegetal. Todo o trabalho agrícola é mecanizado: revolver a terra, plantar e colher. As máquinas acabam compactando o solo, que fica menos aerado e menos permeável à água.

Trator arando o campo.

## Pisoteamento dos animais

Nas pastagens, os animais pisoteiam o solo, que vai se tornando tão duro que nele não crescem a grama e outras vegetações pequenas.

O resultado do pisoteamento com o passar dos anos é a formação de desertos.

## Caça ilegal

A natureza tem equilíbrio entre as populações de animais e dos seres humanos, que, muitas vezes, quebram esse equilíbrio com suas ações.

Um exemplo é a redução do número de jacarés no Pantanal em virtude da caça. Esses animais eram caçados para aproveitamento do couro e porque a carne é saborosa. Por causa da diminuição do número de jacarés, aumentou a quantidade de piranhas, que são alimento deles. Com o aumento do número de piranhas, os boiadeiros têm dificuldade em atravessar os rios com seus rebanhos.

Jacaré.

Piranha.

## Alteração dos rios

Para atender às suas necessidades, o ser humano altera o curso dos rios a fim de facilitar a navegação, irrigar áreas secas e construir represas e barragens para mover as usinas hidrelétricas.

Essas alterações provocam grande impacto do meio ambiente, como destruição da vegetação que fica submersa, alterações no clima, extermínio de espécies de peixes, alterações nas cadeias alimentares, além de impacto nas populações humanas que vivem próximas da região.

Obra de construção de uma hidrelétrica.

## Construção de cidades

Ao construir cidades, os seres humanos ocupam áreas naturais, que são cobertas por edificações e asfalto. A cobertura do solo altera o fluxo da água da chuva, que não consegue escoar rapidamente, o que pode causar enchentes.

A enchente acontece quando a chuva em excesso faz transbordar os rios. Ela ocorre rapidamente quando o rio está raso por causa do excesso de areia em seu leito ou quando foi assoreado pelo despejo de detritos em suas águas. Nas cidades, o asfalto impede a absorção da água e o lixo que entope os bueiros dificulta o escoamento da água.

A grande quantidade de edifícios de concreto com vidros cria ilhas de calor nas cidades, alterando a qualidade de vida.

## Extração de minérios

Para extrair minérios do subsolo, são abertas imensas crateras. Para isso, a vegetação natural é totalmente destruída e, quando a jazida se esgota, não há reconstrução da área modificada.

Enchente na cidade de Belém (PA).

## Deslizamentos

A destruição da vegetação de morros e encostas, que deixa o solo nu, contribui para a ocorrência de deslizamentos, principalmente na época das chuvas intensas e prolongadas. Como nos morros os terrenos são inclinados e o solo fica encharcado com as chuvas, o risco de deslizamento aumenta bastante.

Nas cidades, onde os morros e encostas abrigam várias moradias, o problema é extremamente sério, pois o deslizamento de terra faz as casas desmoronarem, provocando inúmeras vítimas fatais e desabrigando pessoas.

Deslizamento de encosta, Petrópolis (RJ).

Faz parte da sociedade humana modificar o ambiente. Os outros animais também o modificam, mas não como os seres humanos, que têm muitos instrumentos e tecnologia para auxiliar nessas mudanças.

Devido à existência de leis para regulamentar ações no meio ambiente, os seres humanos precisam planejar suas atividades visando não provocar grandes impactos em projetos de alteração de áreas naturais.

## ATIVIDADES

**1** O que são agrotóxicos?

_____
_____
_____

**2** Como os carnívoros podem ficar intoxicados com agrotóxicos?

_____
_____
_____
_____

**3** O que é monocultura?

_____
_____

**4** De que maneiras a agricultura interfere no ambiente?

_____
_____

**5** Como a criação de gado altera o solo?

_____
_____

**6** Como a caça aos jacarés, no Pantanal, interferiu no equilíbrio do ambiente?

_____

_____

**7** De que maneira a construção de usinas hidrelétricas interfere no meio ambiente?

_____

_____

**8** Quais são as causas das enchentes?

_____

_____

_____

**9** O que aumenta a possibilidade de deslizamentos?

_____

_____

## Sustentabilidade

Atualmente, fala-se muito em desenvolvimento sustentável e em sustentabilidade como formas de diminuir as agressões que o ser humano provoca na natureza para garantir a vida das gerações futuras. Mas o que significam esses termos?

Na definição dada pela Organização das Nações Unidas (ONU), desenvolvimento sustentável é aquele capaz de suprir as necessidades da geração atual, garantindo a capacidade de atender às necessidades das gerações futuras. É o desenvolvimento que não esgota os recursos naturais para o futuro. Assim, sustentabilidade está ligada às formas de produção da sociedade que garantam o bem-estar do ser humano em todos os aspectos, utilizando os recursos naturais de modo que eles se mantenham no futuro.

Discutir sustentabilidade é falar de:
- reflorestamento e revegetação de áreas desmatadas;
- reciclagem de materiais;
- não desperdício de materiais e consumo consciente de produtos;

- criação de leis que garantam cada vez mais a não agressão à natureza;
- adoção de atitudes de respeito à natureza por indivíduos, empresas e governos;
- consumo consciente de produtos que não agridem o meio ambiente para serem fabricados (orgânicos, por exemplo) e que são desnecessários.

Veja alguns exemplos de atitudes sustentáveis:

1. Economize água, evite deixar a torneira desnecessariamente aberta. Ao escovar os dentes, feche a torneira. Torneira pingando ou vazamento de água em algum encanamento é desperdício na certa. Avise um adulto para providenciar o reparo.
2. Economize energia. Não deixe a luz acesa quando não houver pessoas no ambiente. Desligue da tomada aparelhos elétricos que não estão em uso. Use lâmpadas halógenas, que consomem menos energia.
3. Procure consumir alimentos e outros produtos que são cultivados e fabricados próximos da região onde você mora. Isso diminui os gastos com transporte e o consumo de combustíveis.
4. Dê preferência a produtos que são fabricados respeitando o meio ambiente. Leia os rótulos que trazem essas informações.
5. Separe para reciclagem o óleo de cozinha usado, evitando jogá-lo no ralo para que não contamine os recursos d'água.
6. Recicle o lixo, separando materiais orgânicos, papel, plástico, metal e vidro. Oriente-se pelos símbolos das embalagens:

7. Evite o consumo de descartáveis, eles geram mais lixo e mais consumo de matéria-prima para fabricação de novos produtos.
8. Respeite as plantas e os animais; se possível plante uma árvore.
9. Não crie animais silvestres, além de ser crime, eles são importantes nos ambientes naturais onde vivem.

# EU GOSTO DE APRENDER

Leia o que você estudou nesta lição.

- O ser humano interfere em todas as regiões da Terra.
- Qualquer que seja a ação humana em um ambiente natural, a primeira alteração é a derrubada da vegetação.
- A adubação em excesso se acumula nos vegetais e tem efeitos desconhecidos para a saúde humana.
- O uso de agrotóxicos nas plantações se acumula ao longo da cadeia alimentar, afetando a saúde dos seres vivos.
- O uso de máquinas pesadas na monocultura e o pisoteamento dos animais acabam compactando o solo e impedindo o crescimento de vegetações pequenas.
- Para atender às suas necessidades, o ser humano altera o curso dos rios, constrói cidades ocupando áreas naturais, extrai minérios do subsolo, entre outras ações.
- Ao transformar a natureza, o ser humano acaba provocando desastres naturais, como enchentes e deslizamentos.
- Desenvolvimento sustentável é aquele capaz de suprir as necessidades de recursos naturais da geração atual, garantindo a capacidade de atender as gerações futuras.

## ATIVIDADES

**1** Como se inicia a alteração no ambiente natural pela ação humana.

_____
_____

**2** O ser humano é o único que modifica o ambiente? Qual é a diferença entre as mudanças causadas pelo ser humano e as transformações provocadas pelos outros animais?

_____
_____

**3** Que atitude sustentável você praticou hoje?

_____
_____

# EU GOSTO DE APRENDER MAIS

[...]

### Como ajudar a Terra

Existe uma frase que diz "pense globalmente, aja localmente". Você já deve ter pensado que suas atitudes não fazem diferença para a Terra, já que se trata de apenas um indivíduo entre os 7 bilhões de habitantes no planeta. Mas pasme: você faz uma diferença enorme, porque é parte desse número gigante de pessoas e pode se comunicar com vários outros. Se cada um agir conscientemente, logo serão milhões de pessoas a lutar contra o problema.

Assim, se, por exemplo, você preferir andar de bicicleta no parque com seus amigos, ao invés de passear de carro, menos gás poluente será jogado na atmosfera. Se falar aos seus parentes e amigos sobre esse problema, serão mais pessoas cientes do efeito estufa que poderão evitar andar de carro para destinos próximos (como ir à padaria, por exemplo). E, ainda, as pessoas que você convencer farão o mesmo com outras.

Assim, quanto mais gente agir de forma consciente, maiores serão as chances de diminuir o efeito estufa. A sociedade deve cobrar que sejam desenvolvidas e implantadas tecnologias mais limpas nas indústrias e que políticas específicas sejam elaboradas para dar conta desse enorme problema.

APRILE, Mariana. Efeito estufa: emissão excessiva de gases aumenta temperatura da Terra. UOL Educação. Disponível em: https://educacao.uol.com.br/disciplinas/ciencias/efeito-estufa-emissao-excessiva-de-gases-aumenta-temperatura-da-terra.htm. Acesso em: 20 jul. 2022.

## ATIVIDADE COMPLEMENTAR

- Reúna-se com os colegas para fazer um cartaz. Depois, exponha o cartaz no mural da sala. O tema será:

**Como proteger a Terra**

## LIÇÃO 6

# O CORPO HUMANO

Observe a imagem a seguir.

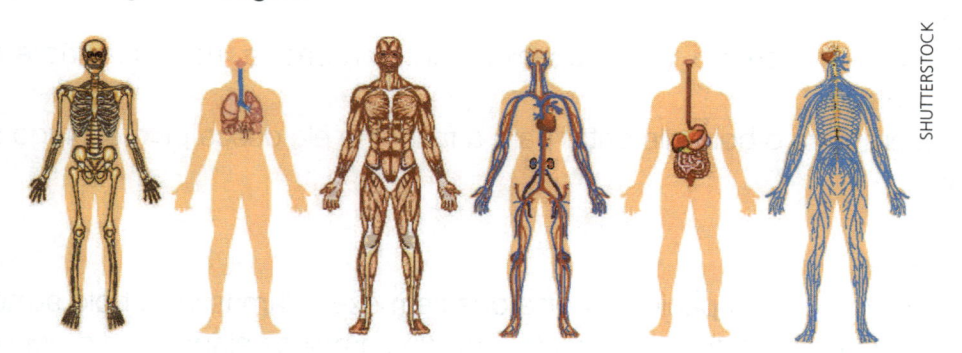

A imagem mostra os vários sistemas existentes no corpo humano. É graças a eles que conseguimos realizar todas as atividades que praticamos diariamente, desde dormir até brincar. Vamos estudar cada um desses sistemas na sequência.

## Sitema digestório e seus órgãos

Como os outros animais, o ser humano precisa de alimento para sobreviver.
Os alimentos que ingerimos passam por transformações no sistema digestório. Essas transformações são necessárias para que sejam retirados os nutrientes e possam ser levados para todo o organismo.

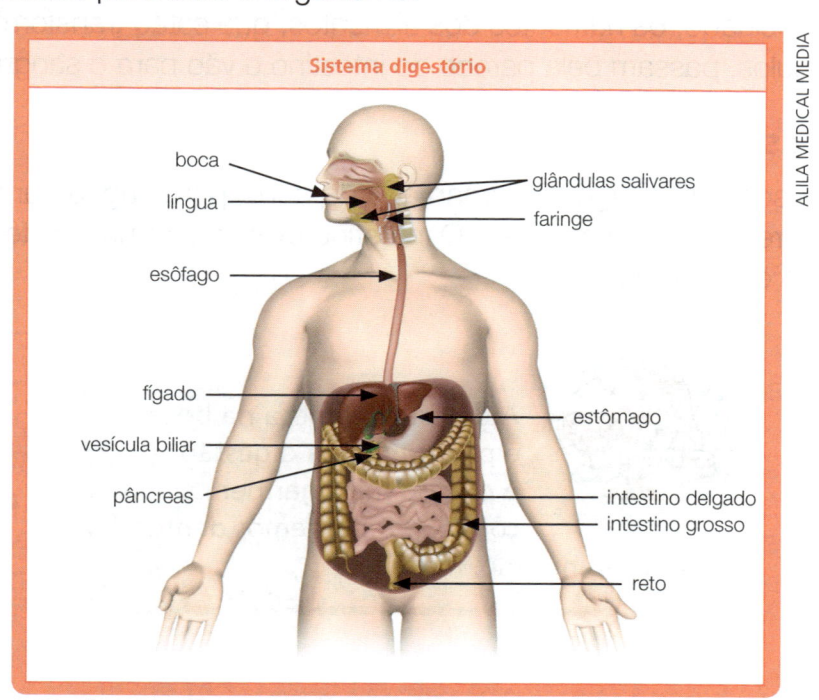

**Sistema digestório**

- boca
- língua
- glândulas salivares
- faringe
- esôfago
- fígado
- vesícula biliar
- pâncreas
- estômago
- intestino delgado
- intestino grosso
- reto

ILUSTRAÇÃO FORA DE ESCALA. AS CORES UTILIZADAS NÃO CORRESPONDEM AOS TONS REAIS.

77

Faz parte do sistema digestório uma sequência de órgãos: boca, faringe, esôfago, estômago e intestinos. Cada um desses órgãos tem uma função, isto é, realiza um "trabalho" no alimento para que possa ser aproveitado pelo organismo.

## A ação dos órgãos na digestão

### Boca

As glândulas salivares umedecem os alimentos e os dentes os trituram, formando uma pasta.

A saliva digere o amido, um açúcar presente na batata, no macarrão e em outros alimentos.

A língua empurra o bolo alimentar para a faringe e ela desce pelo esôfago até o estômago.

### Estômago

O estômago é uma espécie de bolsa que se mexe e "amassa" o bolo alimentar. Ele também produz suco gástrico, um ácido forte que amolece ainda mais o bolo alimentar e atua na digestão das proteínas.

Depois de algumas horas, o bolo alimentar, agora chamado de quimo, é empurrado para os intestinos.

### Intestino delgado

O intestino também empurra o quimo, que continua a ser digerido pelo suco do intestino, o suco entérico, e outro suco produzido pelo pâncreas, o suco pancreático.

A bile, produzida pelo fígado e armazenada pela vesícula biliar, ajuda a dissolver as gorduras para facilitar a digestão.

No intestino delgado, os nutrientes dos alimentos, que estão transformados em pedaços minúsculos, passam pela parede do intestino e vão para o sangue.

### Intestino grosso

A pasta que sobrou da digestão, chamada de quilo, perde água para o organismo, endurece e forma as fezes. O intestino grosso empurra as fezes até que cheguem ao reto e saiam pelo ânus.

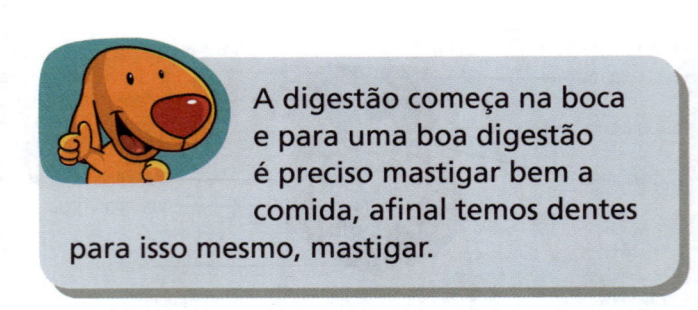

> A digestão começa na boca e para uma boa digestão é preciso mastigar bem a comida, afinal temos dentes para isso mesmo, mastigar.

# ATIVIDADES

**1** Qual é a função do sistema digestório?

_____

_____

**2** Quais são os órgãos do sistema digestório?

_____

_____

**3** Qual é a função dos dentes e da língua?

_____

**4** O que as glândulas salivares produzem?

_____

**5** Depois de mastigados e umedecidos pela saliva, para onde vão os alimentos?

_____

_____

**6** Como é o estômago? Que líquido é produzido por ele?

_____

**7** Quais sucos os alimentos recebem no intestino delgado?

_____

**8** O que acontece no intestino grosso?

_____

_____

## Sistema circulatório

Um adulto tem de 5 a 6 litros de sangue que circulam pelos vasos sanguíneos sem parar. O sangue leva para o corpo inteiro os produtos da digestão e o gás oxigênio absorvido nos pulmões pela respiração. O sangue também recolhe as substâncias que precisam ser eliminadas do corpo e as levam para os rins, onde serão filtradas e eliminadas na forma de urina.

O coração é o principal órgão do sistema circulatório. Ele é uma cavidade oca, formada por músculos fortes. Quando esses músculos se contraem, empurram o sangue de dentro da cavidade do coração para todo o organismo por meio das artérias e veias.

As artérias levam o sangue do coração para o corpo todo. As veias fazem o contrário, ou seja, trazem o sangue do corpo todo para o coração.

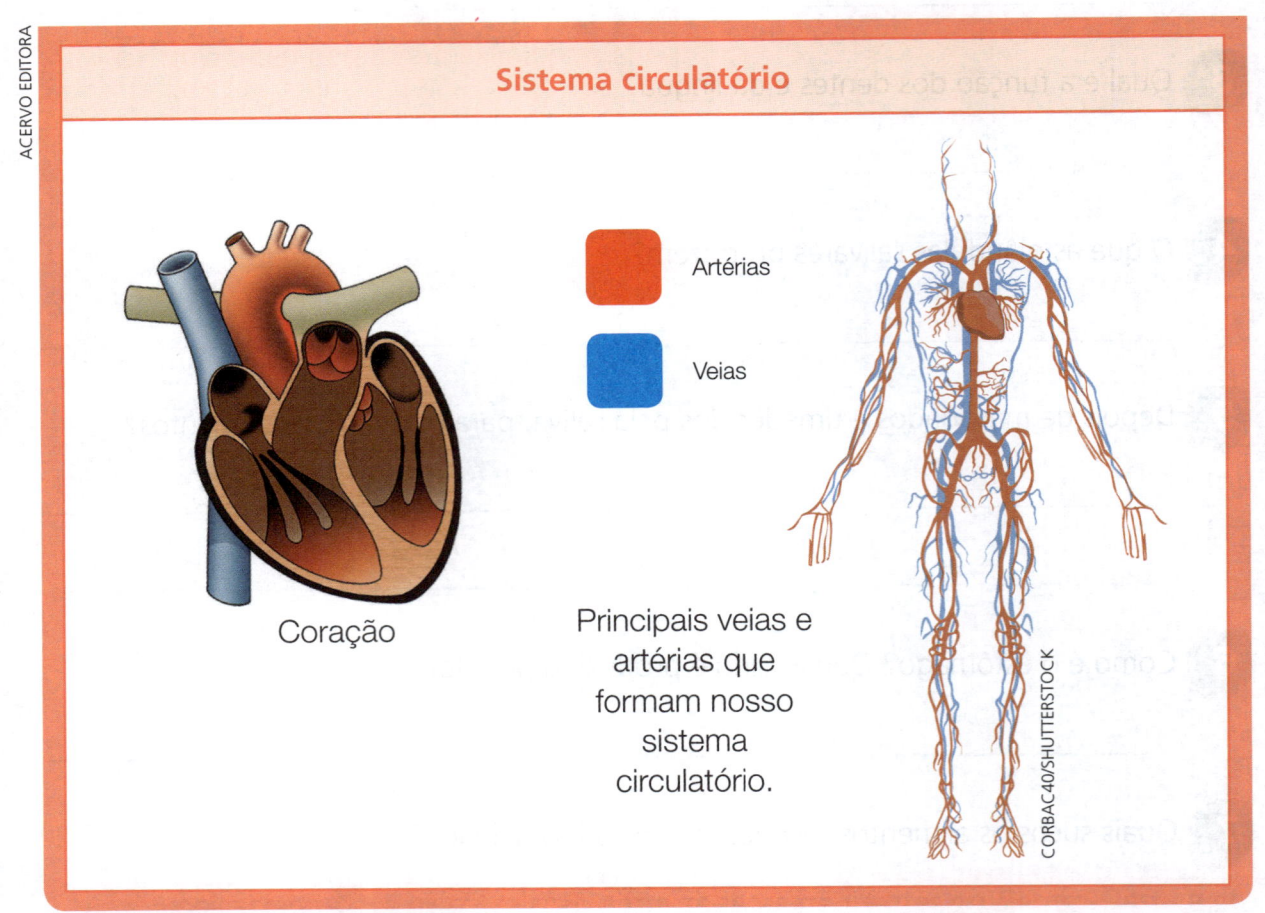

**Sistema circulatório**

Artérias

Veias

Coração

Principais veias e artérias que formam nosso sistema circulatório.

Ilustração fora de escala. Cores ilustrativas.

### Cuidados com o sistema circulatório

Hoje em dia, as pessoas passam muitas horas diante da televisão, do computador ou do *videogame*. Na hora das refeições, os hábitos também não são muito saudáveis: as comidas gordurosas são as preferidas e nem sempre são acompanhadas de folhas verdes ou de outros alimentos frescos e naturais.

Sabemos que andar, correr, dançar e praticar outros exercícios ajudam a circulação, portanto, são boas atividades para o sistema circulatório. Mas não basta apenas fazer exercícios. Devemos também cuidar da alimentação.

As carnes gordurosas, as frituras, alguns tipos de alimentos industrializados, como biscoitos doces recheados, salgadinhos e maionese, têm gordura que pode se acumular nas artérias, impedindo o sangue de circular livremente.

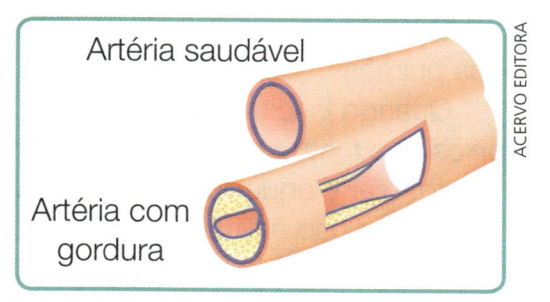

Artéria saudável
Artéria com gordura

Fora de escala. Cores ilustrativas.

### O exame de sangue

Como o sangue circula por todo o corpo levando nutrientes e substâncias que serão eliminadas do organismo, é possível saber como anda a saúde de uma pessoa pelo exame de sangue. Por isso, quando é necessário, os médicos pedem exame de sangue para ver se a pessoa está doente ou em boas condições de saúde. Mas se pelo exame de sangue é possível saber se a pessoa está doente, também é possível pegar doenças quando algum vírus ou bactéria entra em contato com nosso sangue. Daí a necessidade de se ter cuidados com machucados abertos no corpo e fazer a higiene correta nessas situações.

## ATIVIDADES

**1** Como é formado nosso sistema circulatório?
_____

**2** Quantos litros de sangue um adulto tem no corpo?
_____

**3** O que o sangue transporta para todas as partes do corpo? E o que recolhe?
_____
_____

**4** O que pode acontecer se comermos muitos alimentos gordurosos?
_____

## Sistema respiratório

O tempo todo inspiramos e expiramos o ar por meio do movimento do diafragma e dos pulmões.

Quando inspiramos, o ar rico em gás oxigênio que entra pelo nariz é filtrado por pelos que forram a cavidade nasal e impedem a passagem de impurezas. Nesse trajeto, o ar é aquecido. A inspiração também pode ser feita pela boca, mas nesse trajeto o ar não é filtrado nem aquecido.

Na inspiração o diafragma se contrai e, ao distender-se, aumenta a capacidade do tórax. Nesse processo, o ar tende a entrar nos pulmões, que se dilatam e se enchem de ar que chega até os brônquios, os bronquíolos e, finalmente, aos alvéolos pulmonares. Nos alvéolos, o sangue absorve o gás oxigênio.

Na expiração o diafragma entra em relaxamento, o ar acumulado é expulso pelos pulmões, diminuindo o tórax de volume. O ar expelido pelos pulmões é rico em gás carbônico.

Nos alvéolos pulmonares ocorrem as trocas de gases: entra gás oxigênio e sai gás carbônico.

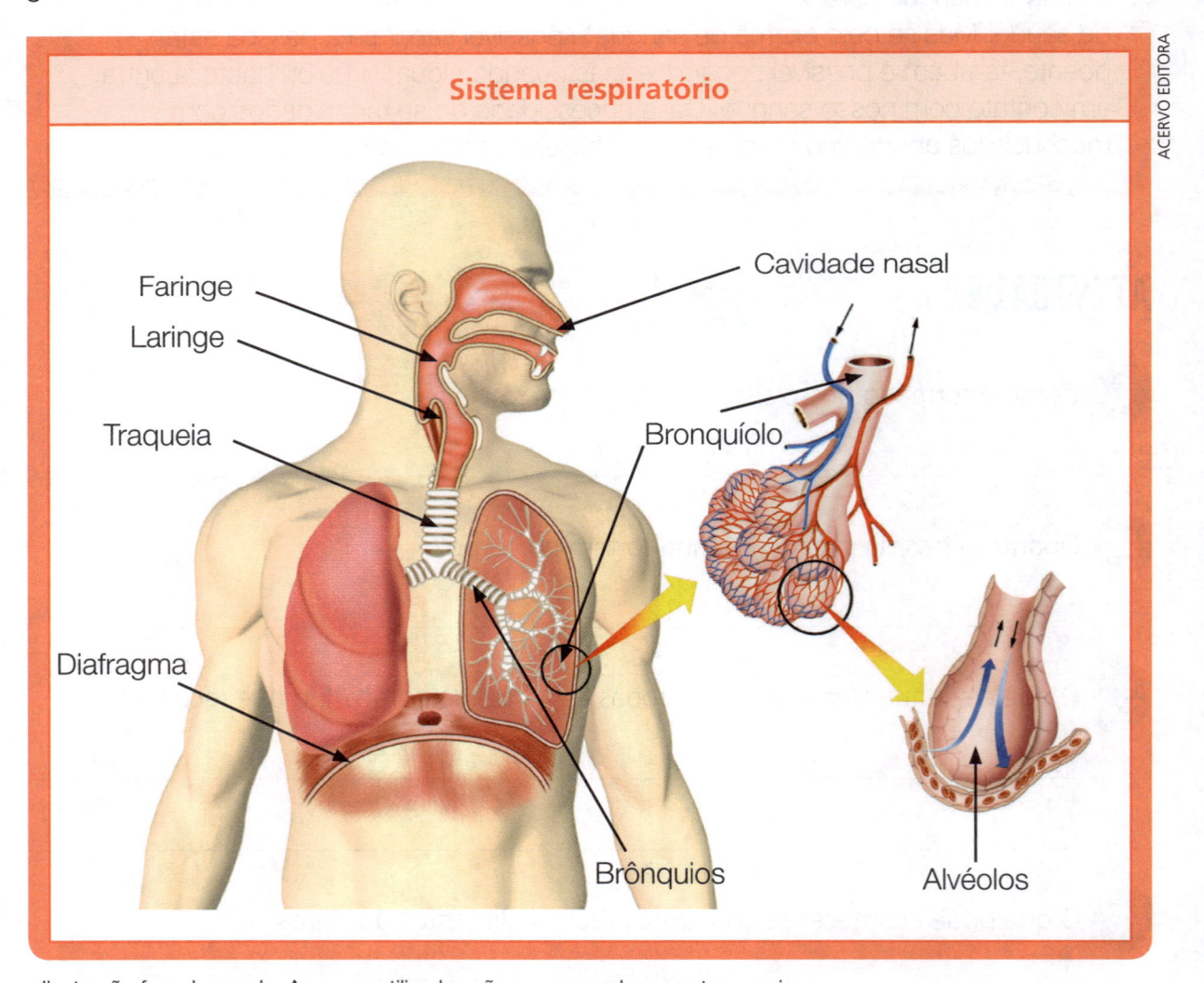

**Sistema respiratório**

Faringe
Laringe
Traqueia
Diafragma
Cavidade nasal
Bronquíolo
Brônquios
Alvéolos

Ilustração fora de escala. As cores utilizadas não correspondem aos tons reais.

## Cuidados com o sistema respiratório

Os exercícios físicos ajudam a fortalecer o diafragma e facilitam a respiração.

Quanto mais ar entra nos pulmões, mais oxigênio chega ao sangue. Por isso, devemos cultivar hábitos saudáveis:

- caminhar e correr em lugares arborizados, distantes dos ambientes poluídos;
- ficar longe de pessoas quando fumam. O cigarro é um inimigo mortal dos pulmões;
- dormir em locais arejados;
- cuidar das gripes e resfriados, bebendo líquidos e comendo alimentos leves;
- inspirar mais pelo nariz do que pela boca;
- não inalar medicamentos sem a orientação de um médico;
- não colocar objetos nas narinas.

## ATIVIDADES

**1** Numere de 1 a 3 os órgãos do sistema respiratório, de acordo com o caminho percorrido durante a expiração.

☐ pulmões     ☐ traqueia     ☐ cavidade nasal

**2** Como se chama a entrada de ar nos pulmões?
_____

**3** Por que devemos inspirar pelo nariz e não pela boca?
_____
_____

**4** Qual é a função do diafragma no processo da respiração?
_____

**5** Quais hábitos saudáveis você cultiva para cuidar do sistema respiratório?
_____

**6** Qual mensagem poderíamos mandar para as pessoas que fumam cigarros?
_____

## Sistema urinário

O sistema urinário é o principal eliminador de excretas do nosso corpo. Ele é formado pelos rins e pelas vias urinárias. As vias urinárias são compostas pelos ureteres, pela bexiga e pela uretra.

Os rins filtram o sangue, retiram os resíduos e os transformam em urina. A urina desce pelos ureteres até a bexiga, da qual é eliminada do corpo por meio da uretra.

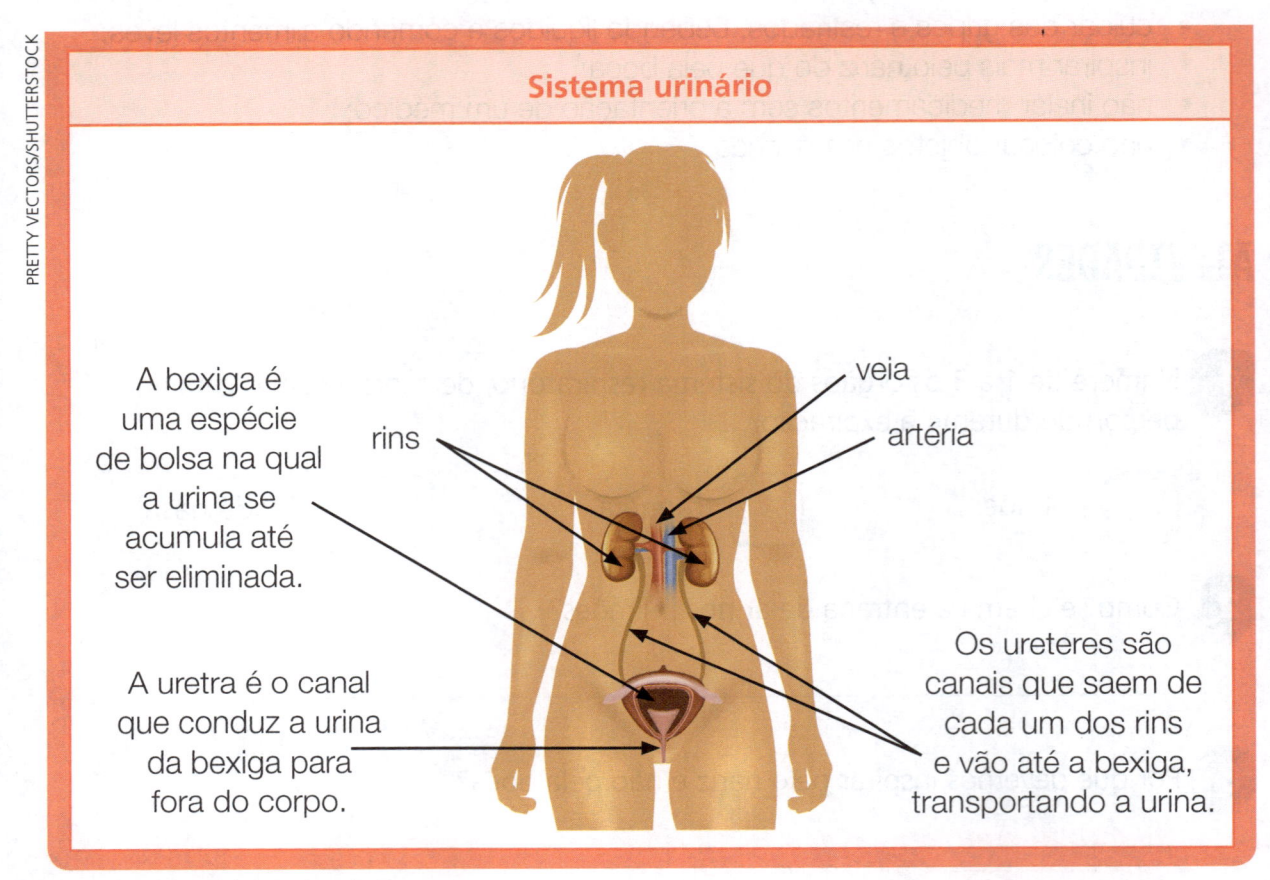

### Sistema urinário

A bexiga é uma espécie de bolsa na qual a urina se acumula até ser eliminada.

rins

veia

artéria

A uretra é o canal que conduz a urina da bexiga para fora do corpo.

Os ureteres são canais que saem de cada um dos rins e vão até a bexiga, transportando a urina.

PRETTY VECTORS/SHUTTERSTOCK

Ilustração fora de escala. Cores ilustrativas.

## Cuidados com o sistema urinário

A presença de bactérias na urina pode levar ao desenvolvimento de infecção urinária. Algumas ações bem simples ajudam na prevenção de infecção urinária, como:
- ingerir bastante água pura, sem corantes ou adoçantes, ao longo do dia;
- evitar reter a urina, urinando sempre que a vontade aparecer;
- evitar o uso de antibióticos sem indicação médica.

Para as mulheres também há outras recomendações:
- limpar-se sempre da frente para trás, após usar o banheiro;
- evitar o uso de roupas íntimas de tecido sintético, preferindo sempre as de algodão;
- usar roupas leves para evitar transpiração excessiva na região genital.

# ATIVIDADES

**1** Qual é a principal função do sistema urinário e quais órgãos o formam?

_____

_____

**2** O que deve ser feito para evitar infecção urinária?

_____

_____

_____

**3** Numere de 1 a 4 os órgãos do sistema urinário, de acordo com o caminho percorrido pela urina ao ser eliminada do corpo.

☐ uretra ☐ rins ☐ bexiga ☐ ureteres

**4** Relacione a legenda correta para cada imagem.

Evite alimentos gordurosos.

Caminhar faz bem para a saúde.

Não coma antes de brincar.

O cigarro é inimigo dos pulmões.

Durma 8 horas por dia.

Beba bastante água.

## Integração dos sistemas

Os sistemas digestório, circulatório, respiratório e urinário funcionam em conjunto. A digestão obtém os nutrientes, que são distribuídos pelo sangue para todas as partes do corpo.

Em cada parte, o oxigênio é usado na respiração, liberando energia.

Durante esses processos, são produzidas substâncias tóxicas. Essas substâncias são absorvidas pela grande quantidade de vasos sanguíneos dos rins e eliminadas pela urina.

## Sistema esquelético e muscular

O esqueleto é formado por cerca de duzentos ossos que sustentam o corpo, protegem alguns órgãos internos vitais e auxiliam os músculos nos movimentos.

A coluna vertebral é formada por ossos chamados vértebras. Ela permite ao corpo dobrar-se para a frente, para trás, para os lados e girar.

Na parte superior da coluna vertebral fica o crânio, que protege o cérebro.

As costelas se unem, na parte da frente do tórax, a um osso chato e largo chamado esterno. Elas formam a caixa torácica que protege o coração e os pulmões.

A pélvis, ou bacia, é formada por ossos grandes e largos, que ligam os membros inferiores à coluna. No encontro de dois ossos temos as articulações que possibilitam movimentação dos ossos. Elas estão presentes nos joelhos, tornozelos, dedos dos pés e das mãos, punhos, cotovelos e em outros locais.

Os músculos movem os ossos, o coração e o estômago. Eles são responsáveis por todos os movimentos do corpo.

Os músculos são capazes de contrair-se e distender-se conforme os movimentos que vamos realizar, por exemplo, quando fechamos o braço, contraímos o músculo; ao esticar o braço, distendemos o músculo.

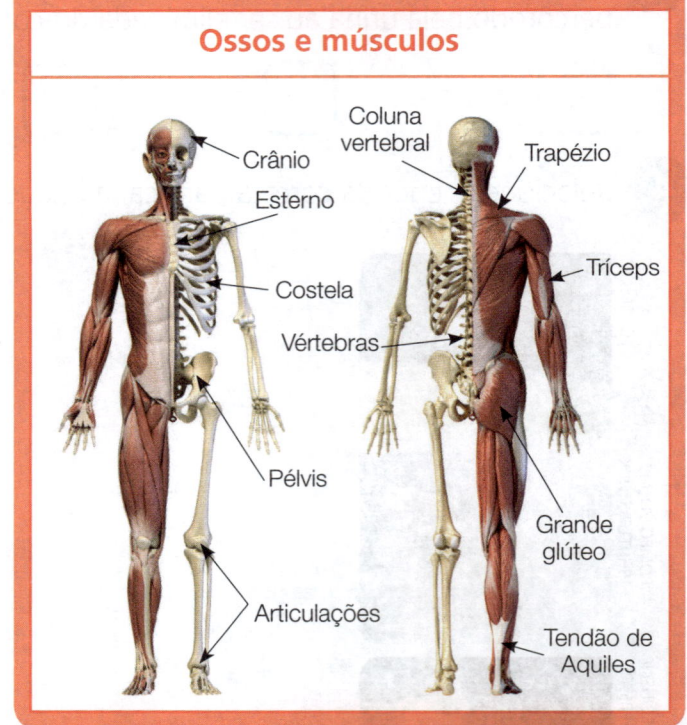

**Ossos e músculos**

Crânio, Esterno, Costela, Pélvis, Articulações, Coluna vertebral, Trapézio, Tríceps, Vértebras, Grande glúteo, Tendão de Aquiles

Ilustração fora de escala. Cores ilustrativas.

Existem músculos, como o do coração e do estômago, que realizam movimentos involuntários. Mesmo enquanto você dorme, eles continuam trabalhando.

### Cuidados com os ossos e os músculos

Para que os ossos e a musculatura se mantenham saudáveis, além de ter uma alimentação equilibrada, devemos praticar esportes e fazer exercícios físicos.

Mas mesmo com esses cuidados podemos ter problemas musculares. Isso ocorre, por exemplo, quando não fazemos aquecimento antes de iniciar exercícios ou por quedas e torções. Nesses casos, se houver dor intensa, é necessário procurar um médico.

Outro fator que pode causar dores e desgastes ósseos é a má postura. Muitas pessoas sentem dor nas costas ou no corpo e, somente com o passar do tempo, percebem que essa dor era causada pela postura errada. Algumas ações bem simples podem ajudar na prevenção de problemas com a má postura:

- Ao sentar-se, apoie os pés em uma superfície sólida, deixe as coxas paralelas ao solo e ajuste a cadeira de modo que as costas fiquem bem apoiadas no encosto, com os joelhos dobrados em ângulo de 90°.
- Nunca carregue mochilas pesadas, dê preferência para transportar o material escolar em carrinhos apropriados.
- Evite ficar muitas horas jogando *videogame* ou teclando no computador, pois há uma doença que se desenvolve com a repetição de movimentos ou constante esforço de parte da musculatura. Essa doença é chamada Lesão por Esforço Repetitivo (LER) e resulta no desgaste dos tecidos do corpo, como articulações, ligamentos, tendões, nervos e músculos.

Qualquer sintoma como dor nas pernas, nas costas ou formigamentos pode estar relacionado a problemas de coluna e deve ser avaliado por um médico.

## ATIVIDADES

**1** O que é o esqueleto?

_____

**2** Qual é a função do esqueleto?

_____

_____

**3** Como se chama o encontro de dois ossos?

_____

**4** Em que parte do corpo temos articulações?

_____

**5** Como é formada a coluna vertebral? Qual sua principal função?

_____

_____

**6** Observe a imagem a seguir e depois responda às questões.

**a)** O que permite à bailarina dobrar as costas para trás?

_____

**b)** Qual estrutura do corpo possibilita à bailarina que salta dobrar os joelhos.

_____

**7** Qual é a função dos músculos?

_____

**8** Observe as fotos.

**a)** Esses esportes ajudam a desenvolver a musculatura? Por quê?

_____

**b)** Eles oferecem perigo para os ossos e os músculos? Por quê?

_____

_____

# EU GOSTO DE APRENDER

Relembre o que você estudou nesta lição.
- Os alimentos que ingerimos passam por transformações no sistema digestório para que os nutrientes retirados deles possam ser levados para todo o organismo.
- Os órgãos que fazem parte do sistema digestório são: boca, faringe, esôfago, estômago e intestinos. Cada um deles tem uma função para que o corpo aproveite os nutrientes presentes nos alimentos.
- O sangue é responsável pelo transporte dos produtos da digestão e do gás oxigênio absorvido nos pulmões para o corpo. Ele também recolhe as substâncias que precisam ser eliminadas.
- O coração é o principal órgão do sistema circulatório e tem a função de bombear o sangue para todo o organismo através das artérias e veias.
- Inspiramos gás oxigênio e expiramos gás carbônico por meio dos órgãos do sistema respiratório: pulmões e diafragma.
- O sistema urinário é responsável pela eliminação dos excretas do nosso corpo. Ele é formado pelos rins, que filtram o sangue, e pelas vias urinárias, que transportam a urina.
- O sistema esquelético é composto por cerca de duzentos ossos que sustentam o corpo, protegem alguns órgãos e ajudam os músculos nos movimentos.
- O sistema muscular é responsável por todos os movimentos do corpo, movem os ossos, o coração e o estômago.

## ATIVIDADE

- O sangue participa da atividade de quais sistemas do corpo humano?

_____
_____

## LEIA MAIS

**Corpo humano: como é feito, como funciona e cuidados com a saúde**

Larousse Editorial. São Paulo: Larousse Júnior, 2009.

Neste livro é possível conhecer a incrível organização e segredos do corpo humano, que traz ainda muitas curiosidades, centenas de ilustrações e fotografias.

# EU GOSTO DE APRENDER MAIS

### O condomínio chamado corpo humano

Sabia que sobre sua pele, neste momento, estão vivendo milhões e milhões de bactérias? Elas nascem, reproduzem-se e morrem, ou seja, passam a vida inteira em seu corpo. Sem, às vezes, nem prejudicá-lo. Achou nojento? Não se preocupe: isso é mais que normal. Temos todos diversos "moradores" no interior e no exterior de nosso corpo, e vários deles são até muito importantes para seu bom funcionamento. Como os lactobacilos, que habitam nosso intestino. Eles regulam as funções desse órgão e protegem-no da ação de bactérias nocivas, ao mesmo tempo que conseguem alimento em uma fartura difícil de encontrar em qualquer outro lugar. Assim, os dois lados saem ganhando, estabelecendo uma relação que os biólogos chamam de simbiose.

[...]

Alguns pesquisadores afirmam que, no total, existe um número superior a 10 bilhões de bactérias em nosso corpo, divididas em mais de 200 espécies diferentes. A grande maioria vive no interior do organismo, em que a temperatura é mais ou menos estável e o alimento é abundante. Elas preferem os lugares em que é fácil encontrar comida: dentes, garganta e aparelho digestivo. Mas poucas bactérias habitam os locais em que há líquido correndo...

Quando estamos doentes, o volume de bactérias aumenta por causa das que invadem o organismo para provocar a doença...

[...]

Mas não são só as bactérias que habitam nosso organismo. Há vários outros organismos, bem maiores que elas. Sabia que o nosso cabelo é cheio de fungos, e as dobras da nossa pele, de mofo? Aargh! Há ainda aqueles moradores, nem sempre benéficos, que não são costumeiros em nosso organismo, mas aparecem de vez em quando em busca de alimento e abrigo. Entre eles, estão o piolho, a sarna e os vermes. Esses indesejados moradores podem ser evitados tomando-se cuidados simples com a higiene.

COSENDEY, Leonardo. O condomínio chamado corpo humano. *Ciência Hoje das Crianças*, 22 nov. 2000.
Disponível em: http://chc.org.br/o-condominio-chamado-corpo-humano/.
Acesso em: 30 jul. 2022.

## ATIVIDADE COMPLEMENTAR

- Depois de ler o texto, é possível explicar por que propagandas de produtos lácteos com lactobacilos fazem associação desse produto com o bom funcionamento do intestino?

## LIÇÃO 7

# SISTEMA NERVOSO E REPRODUTOR

O corpo dos seres humanos é formado por um conjunto de sistemas e órgãos. Você já estudou alguns deles, agora vamos ver os sistemas nervoso e reprodutor.

## Sistema nervoso

Você já percebeu que quando quer abrir a mão, você pensa e faz o movimento. Quando quer escrever, seu cérebro pensa na palavra e a mão escreve. Isso e praticamente todas as outras coisas que fazemos é comandada pelo sistema nervoso.

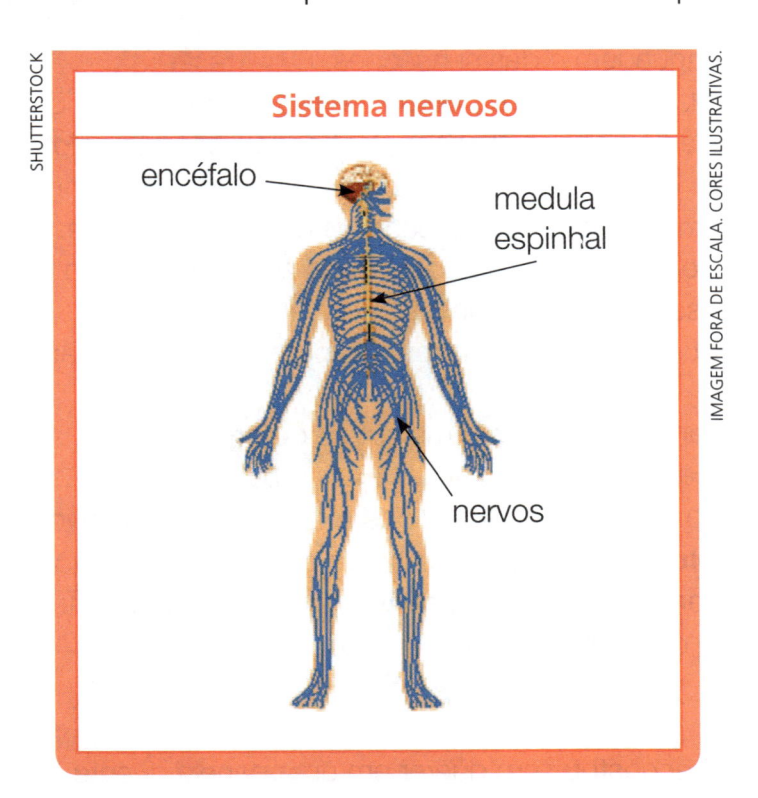

**Sistema nervoso**
- encéfalo
- medula espinhal
- nervos

SHUTTERSTOCK
IMAGEM FORA DE ESCALA. CORES ILUSTRATIVAS.

O sistema nervoso atua na coordenação do funcionamento do corpo. Ele é composto por duas partes: a **central** (sistema nervoso central) e a **periférica** (sistema nervoso periférico).

O sistema nervoso central é formado pelo encéfalo, que é o conjunto formado pelo cérebro, cerebelo e bulbo e pela medula espinhal.

O sistema nervoso periférico tem como eixo a medula, que sai do encéfalo e passa por dentro das vértebras da coluna vertebral. Dela saem nervos que vão para cada lado do corpo e se ramificam em terminações nervosas.

O sistema nervoso recebe estímulos do corpo (pressão arterial, acidez, temperatura) e do ambiente (luz, ondas sonoras, produtos químicos que estão no ar, temperatura, pressão) e responde a esses estímulos com ações.

> O perfume de uma flor, a lembrança de um passeio, um espinho que entra no dedo... Todas as sensações vêm do sistema nervoso. Sem ele, não percebemos o mundo exterior e interior.

## Funções dos órgãos do sistema nervoso

**Cérebro**: nele estão as áreas da inteligência, da memória, da audição, da visão, do tato, do paladar, da linguagem e das sensações.

**Cerebelo**: controla o equilíbrio do corpo, os movimentos de andar em linha reta, enfiar a linha na agulha e acertar a chave na fechadura, por exemplo.

**Bulbo**: região que controla os batimentos do coração, a respiração, a tosse e o espirro e outros movimentos que não dependem da nossa vontade.

**Ponte**: participa, com o bulbo, do controle do ritmo respiratório e é o centro de transmissão de impulsos para o cerebelo.

**Medula espinhal**: conduz os impulsos nervosos dos nervos para o encéfalo e deste para os nervos.

**Nervos**: transmitem estímulos do ambiente e do próprio corpo até a medula e desta para todas as partes do corpo.

O sistema nervoso periférico participa dos atos voluntários e involuntários do nosso corpo. Atos **voluntários** são aqueles que executamos por vontade própria. Por exemplo: sentar e levantar. Atos **involuntários** acontecem independentemente da nossa vontade, como os batimentos do coração.

## O ato reflexo

Imagine que você encostou sem querer em uma panela quente e, sem pensar, tirou depressa a mão da panela, ao mesmo tempo que deu um grito de dor. Esse é um ato reflexo. Você agiu sem pensar, deu uma resposta rápida e involuntária comandada pelo sistema nervoso central, sem passar pelo cérebro.

No ato reflexo, as terminações nervosas do tato situadas na pele recebem estímulos de temperatura, que são conduzidos pelos nervos até a medula, a qual envia no mesmo instante um comando pelos nervos que chegam até a mão. Mas, ao mesmo tempo, a medula envia impulsos para o cérebro e a resposta é a sensação de dor. Todo esse processo acontece em menos de um segundo.

# ATIVIDADES

**1** Qual é a função do sistema nervoso?

_____
_____
_____

**2** Por onde passa a medula espinhal?

_____
_____
_____

**3** Qual é a função do bulbo?

_____
_____
_____

**4** Qual é a função do cerebelo?

_____
_____
_____

**5** Numere as frases na ordem dos acontecimentos.

☐ Esses estímulos são levados pelos nervos até o encéfalo.

☐ O encéfalo envia respostas aos estímulos por meio dos nervos.

☐ O ambiente e o corpo geram estímulos.

**6** Descreva o que acontece em seu corpo em cada situação a seguir.

　**a)** Você tem a impressão de que alguma coisa vai bater em seus olhos.

　_____

　_____

　**b)** Você começa a ouvir uma música e já lembra qual é a sequência da letra e da melodia da música.

　_____

　_____

## Sistema reprodutor

O homem e a mulher geram filhos por meio da **reprodução**. Essa função é realizada por órgãos que formam os sistemas reprodutores feminino e masculino.

O sistema reprodutor feminino está localizado no abdome e é formado por vários órgãos. Veja no esquema a seguir.

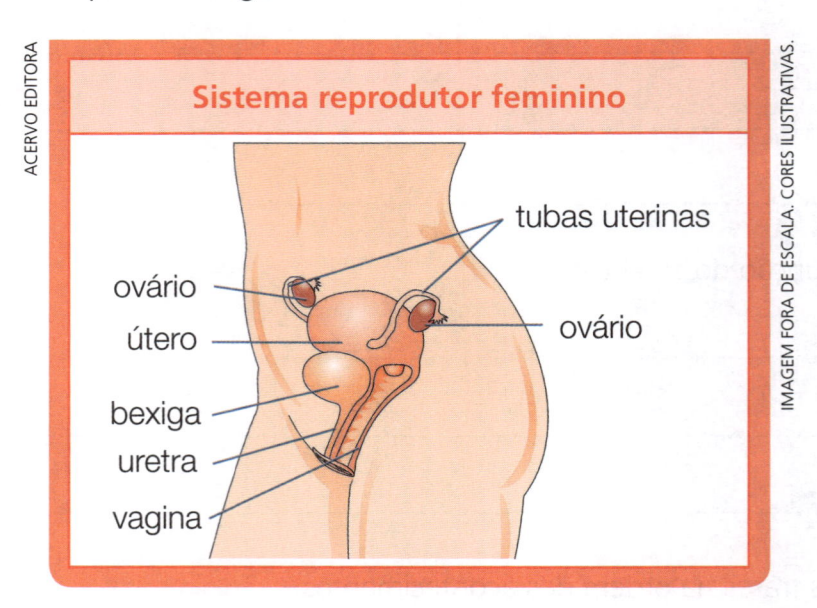

**Sistema reprodutor feminino**

- ovário
- útero
- bexiga
- uretra
- vagina
- tubas uterinas
- ovário

ACERVO EDITORA

IMAGEM FORA DE ESCALA. CORES ILUSTRATIVAS.

**Vagina**: tubo muscular que comunica o útero ao meio exterior. Esse tubo se abre por entre as pregas da genitália externa feminina, a vulva.

**Útero**: bolsa muscular na qual se forma o bebê. Todos os meses, o **revestimento** interno do útero fica mais espesso e **vascularizado** para receber um ovo humano. Quando a gravidez não acontece, os vasos se rompem e o sangue sai pela vagina. É a menstruação.

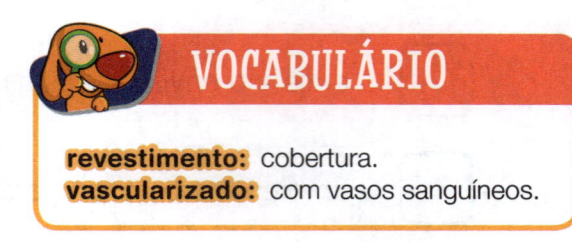

**VOCABULÁRIO**

**revestimento:** cobertura.
**vascularizado:** com vasos sanguíneos.

**Tuba uterina**: tubos, um de cada lado do útero, que chegam até os dois ovários.

**Ovários**: órgãos que produzem óvulos. Desde a adolescência, quando ocorre a primeira menstruação, até por volta dos 50 anos da mulher, amadurece um óvulo por mês, ora de um ovário, ora do outro. Esse processo é chamado ovulação.

O sistema reprodutor masculino está localizado parte no abdome e parte fora dele. É formado por vários órgãos. Veja no esquema a seguir.

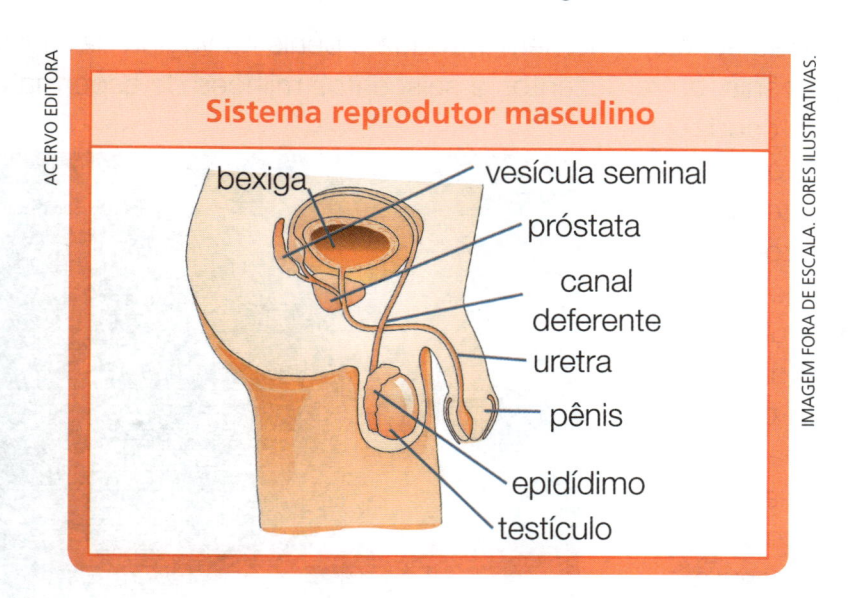

**Sistema reprodutor masculino**
- bexiga
- vesícula seminal
- próstata
- canal deferente
- uretra
- pênis
- epidídimo
- testículo

ACERVO EDITORA

IMAGEM FORA DE ESCALA. CORES ILUSTRATIVAS.

**Testículos**: órgãos que produzem os espermatozoides, que são as células reprodutoras produzidas desde a adolescência até o homem morrer.

**Epidídimo**: localizado dentro dos testículos, é a estrutura que armazena os espermatozoides.

**Canais deferentes**: tubos pelos quais os espermatozoides chegam à uretra.

**Vesículas seminais e próstata**: órgãos que produzem líquidos nos quais os espermatozoides se misturam, formando o esperma.

**Uretra**: tubo que sai da bexiga e percorre o pênis. Por ele saem a urina e o esperma, nunca ao mesmo tempo.

**Pênis**: órgão que deposita o esperma na vagina do sistema reprodutor feminino.

## Menino ou menina?

O sistema reprodutor de um bebê começa a se formar no terceiro mês (doze semanas) de gravidez. Mas somente a partir do quarto mês, dependendo da posição em que o bebê está, é possível ver, na ultrassonografia, se o bebê é menino ou menina.

A ultrassonografia é um conjunto de imagens que se formam à medida que o médico passa sobre a barriga da mulher uma sonda que emite ondas sonoras muito agudas. Essas ondas batem no bebê, voltam como eco e são captadas por um monitor semelhante a um aparelho de TV.

O exame de ultrassom não prejudica o bebê e permite saber se a mulher está mesmo grávida, se é um bebê, se são dois ou mais, se ele tem algum problema de formação e também qual é o sexo. Por isso a ultrassonografia durante a gestação é muito importante, não só para saber o sexo do bebê.

## Fecundação e gravidez

Durante a relação sexual, o homem introduz o pênis na vagina da mulher. Quando o esperma sai do pênis, entre duzentos a seiscentos milhões de espermatozoides nadam movendo a cauda de um lado para o outro em direção às tubas uterinas. Muitos espermatozoides morrem no caminho.

Se a mulher ovulou ou ovular próximo do dia da relação sexual, um pequeno número de espermatozoides sobreviventes rodeia o óvulo. Apenas um entra nele. Nesse momento ocorre a fecundação e o óvulo forma uma capa ao seu redor, impedindo a entrada de outros espermatozoides.

Na fecundação, o núcleo do espermatozoide se une ao núcleo do óvulo e forma-se a célula-ovo.

A célula-ovo divide-se em duas células, que também se dividem, e essas divisões formam uma esfera de células que desliza pela tuba uterina em direção ao útero.

No útero, o embrião passará a receber alimento da mãe por meio da placenta, que fica ligada ao ventre do embrião pelo cordão umbilical. Alimentado pela mãe, o embrião cresce e se transforma em feto.

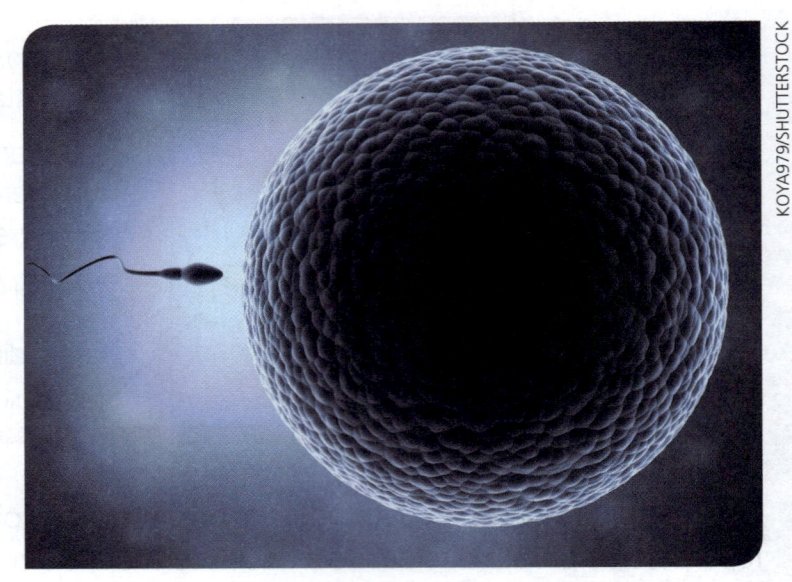

Imagem representativa de um espermatozoide nadando em direção ao óvulo. O espermatozoide é 25 vezes menor que o óvulo.

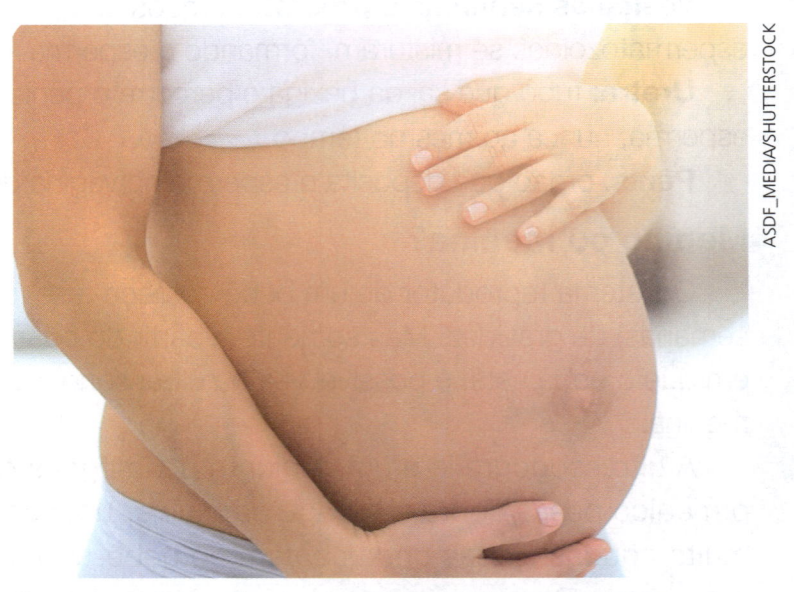

Durante a gravidez o útero aumenta de tamanho para abrigar o bebê.

O feto conclui seu desenvolvimento em um período de nove meses completos ou quarenta semanas. Terminado esse tempo, geralmente ocorre o parto e um novo ser começa a vida.

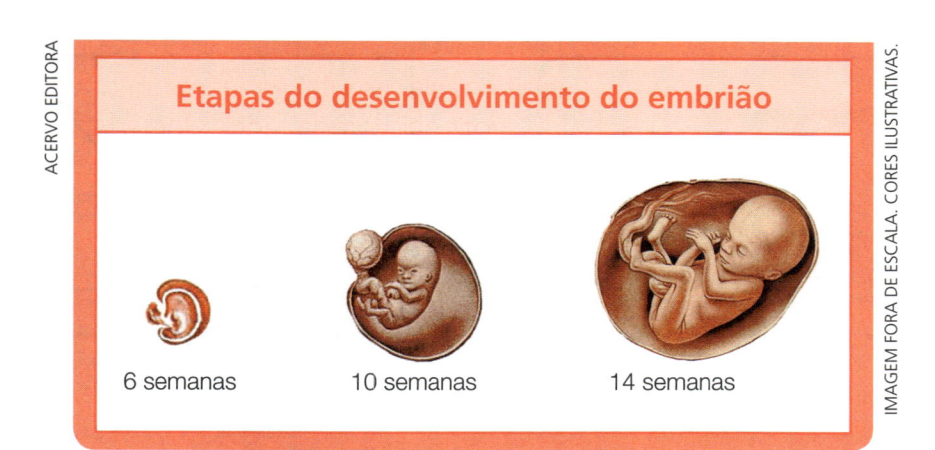

**Etapas do desenvolvimento do embrião**

6 semanas  10 semanas  14 semanas

No parto normal, o bebê sai pela vagina e a mulher fica apenas um dia na maternidade. Na cesariana, o bebê é retirado por um corte feito no abdome da mulher, por isso a recuperação é mais lenta. Portanto, sempre que possível, o parto deve ser normal.

# ATIVIDADES

**1** Responda.

**a)** Onde são produzidos os espermatozoides?

_____

**b)** Onde são produzidos os óvulos?

_____

**c)** O que é fecundação?

_____

**d)** Em qual órgão o embrião se desenvolve?

_____

**2** Escreva o nome dos órgãos indicados nos esquemas a seguir.

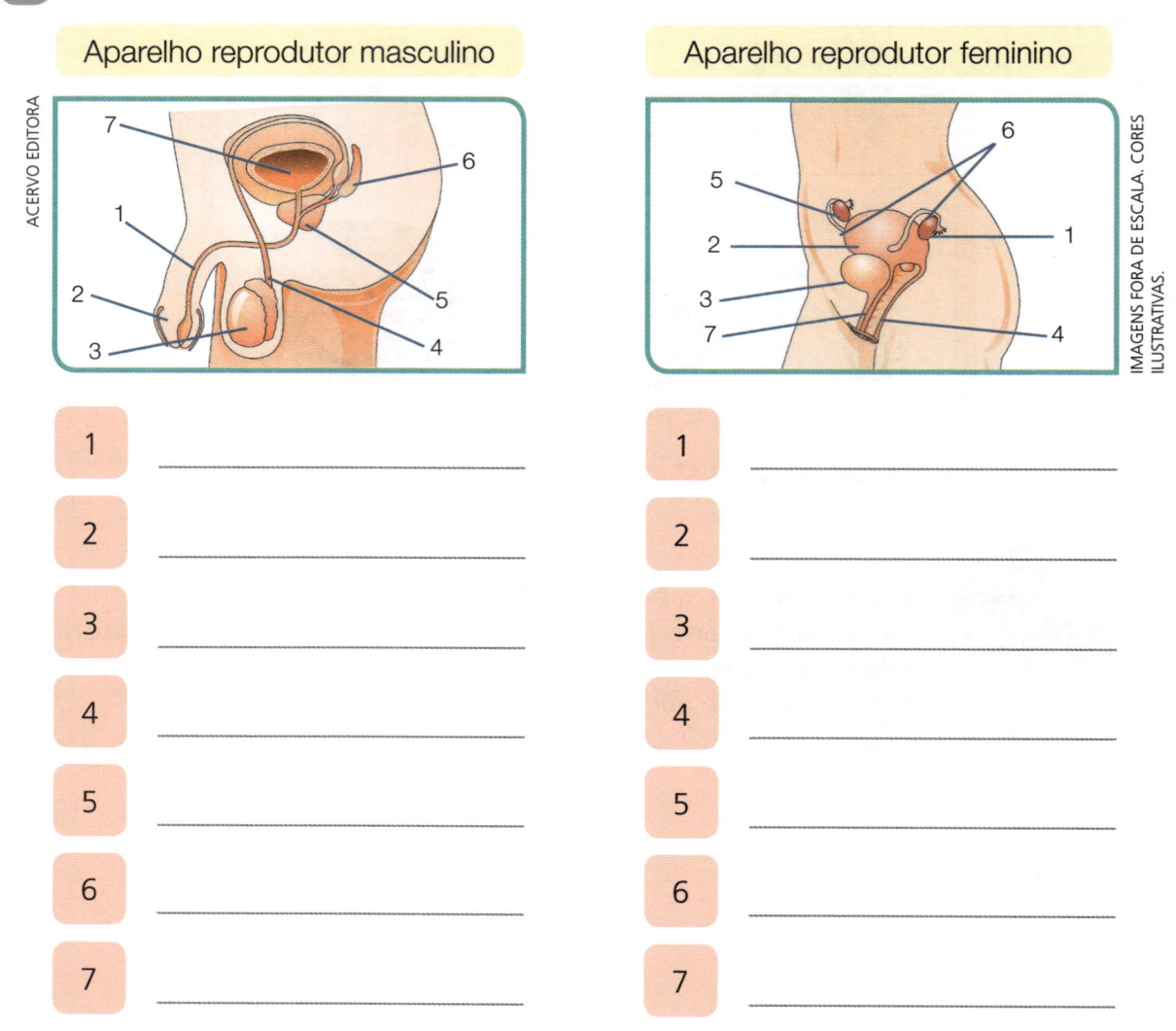

Aparelho reprodutor masculino

Aparelho reprodutor feminino

| 1 | _____ |
| 2 | _____ |
| 3 | _____ |
| 4 | _____ |
| 5 | _____ |
| 6 | _____ |
| 7 | _____ |

| 1 | _____ |
| 2 | _____ |
| 3 | _____ |
| 4 | _____ |
| 5 | _____ |
| 6 | _____ |
| 7 | _____ |

## A infância e a adolescência

### Infância

A fase do nascimento até mais ou menos os 11 anos é chamada de infância. Ela pode ser dividida em primeira infância até os 4 anos e segunda infância, até a adolescência.

Ao nascer, o bebê reage a poucos estímulos do ambiente e dorme a maior parte do tempo, acordando, geralmente, apenas para mamar. À medida que seu sistema nervoso completa o desenvolvimento, o bebê passa a sentar, depois engatinhar, ficar em pé e andar, pede para ir ao banheiro e pode até aprender a nadar. Ou seja, adquire controle sobre o próprio corpo. Tocando nas coisas, cheirando e observando tudo que o rodeia, ele aprende.

No ambiente familiar, a criança aprende a se relacionar com as pessoas, os objetos e o mundo que a cerca. Conforme aprende a falar, a criança dá nome aos objetos. Ela é muito curiosa, interessada em saber a explicação de tudo. Perguntando e brincando, vai aprendendo as regras de convivência.

A infância é um período muito importante na formação do ser humano e a criança depende da família, da escola e dos amigos para ter o corpo e a mente saudáveis.

No início da vida, a alimentação do bebê é o leite materno.

## Adolescência

Por volta dos 10-11 anos, inicia-se uma nova fase de grandes transformações físicas e emocionais. Nessa fase, a criança começa a se preparar para a vida adulta. É a puberdade e a adolescência que chegam. A puberdade refere-se às modificações físicas que acontecem com meninos e meninas.

A palavra "puberdade" deriva de púbis, que, em latim, quer dizer "pelo", "penugem". E é exatamente nessa fase que começam a aparecer os pelos na região dos órgãos genitais e nas axilas e ocorre o crescimento das mamas.

Conforme o bebê se desenvolve ele aprende a sentar e depois a andar.

A adolescência é um processo psicológico e social, isto é, sofre a influência da cultura e do ambiente em que o menino e a menina vivem. Existem culturas nas quais essa fase nem existe. A passagem da infância para a fase adulta costuma acontecer por meio de um ritual ou rito de passagem, com cerimônias, atividades e festejos.

Na adolescência ocorrem muitas transformações físicas e emocionais.

| MUDANÇAS FÍSICAS NA ADOLESCÊNCIA ||
|---|---|
| Meninos | Meninas |
| Crescem pelos no rosto, no peito, ao redor do pênis, nas axilas, nas pernas e nos braços e a voz engrossa. A musculatura aumenta, cresce o corpo e ocorre a primeira eliminação de esperma. | Crescem pelos nas axilas, na região genital, nas pernas e nos braços. Os seios crescem, os quadris alargam, cresce o corpo e ocorre a primeira menstruação. |

Durante a adolescência, começa a produção dos hormônios sexuais que mudam não só o físico, mas também o comportamento das pessoas. Hormônios são substâncias produzidas pelo organismo para regular as funções dos órgãos e do corpo.

Nessa fase, principalmente por causa dos hormônios, o humor oscila a cada dia entre a tristeza e a felicidade, a agitação e a preguiça. Por se tratar de uma fase difícil, é importante que os adolescentes conversem com os pais, com os professores e com outros adultos dos quais gostem e nos quais confiem. O diálogo nesse período é fundamental. E, muitas vezes, é necessária a ajuda de profissionais em comportamento humano: o psicanalista e o psicólogo.

Uma característica dos adolescentes é a necessidade de fazer parte de um grupo. Por isso, os amigos são importantes.

Na adolescência é preciso maior cuidado com a higiene do corpo, porque certas glândulas sudoríparas que produzem o suor, o chamado "cê-cê", intensificam sua atividade nessa fase da vida. Como várias regiões do corpo adquirem pelos mais grossos, forma-se um ambiente mais quente, que, associado ao suor, oferece condições para a proliferação de bactérias que vivem na pele e provocam o cheiro desagradável no corpo.

## LEIA MAIS

**O espelho de Lelê**

Valéria Belém, São Paulo: Ibep Jr., 2013.

Nesta história, Lelê, de repente, nota que cresceu e não consegue mais se reconhecer diante do espelho. Estranha tudo em sua nova imagem. Ela se observa todo tempo, esperando uma resposta sobre o que pode ter acontecido.

## ATIVIDADES

**1** A puberdade é a fase na qual ocorrem mudanças físicas nos meninos e nas meninas.

   **a)** Que mudanças externas acontecem no corpo das meninas?

**b)** Que mudanças físicas acontecem nos meninos?

_____

_____

_____

**c)** Quais dessas mudanças estão acontecendo com você?

_____

_____

_____

**2** As mudanças que ocorrem no corpo dos adolescentes os prepara para a vida sexual. Qual é a finalidade da natureza ao programar essas mudanças?

_____

_____

_____

**3** Qual é o papel dos hormônios nessa fase?

_____

_____

_____

**4** Quais são os cuidados necessários na adolescência?

_____

_____

_____

_____

# EU GOSTO DE APRENDER

Acompanhe a leitura do que você aprendeu nesta lição.

- O sistema nervoso é dividido em duas partes: o sistema nervoso central e o sistema nervoso periférico.
- O sistema nervoso recebe estímulos do corpo e do ambiente e responde a esses estímulos com ações.
- O ato reflexo é uma resposta rápida e involuntária comandada pelo sistema nervoso central que não passa pelo cérebro.
- A função dos órgãos do sistema reprodutor feminino e masculino é gerar filhos por meio da reprodução.
- O sistema reprodutor feminino é formado por útero, vagina, tuba uterina e ovários. O sistema reprodutor masculino é formado por testículos, epidídimo, canais deferentes, vesículas seminais, próstata, uretra e pênis.
- Na fecundação, o espermatozoide produzido pelo homem encontra o óvulo produzido pela mulher, formando a célula-ovo.
- O embrião se fixa no útero e passa a receber alimento da mãe através da placenta até concluir seu desenvolvimento em um período de nove meses.
- A infância é dividida em duas fases: do nascimento até os 4 anos e até os 10 anos. É um período muito importante na formação do ser humano, pois ele depende da família, da escola e dos amigos para ter o corpo e a mente saudáveis.
- A adolescência é uma fase de grandes transformações físicas e emocionais que começa por volta dos 9 anos. A criança começa a se preparar para a vida adulta.

## ATIVIDADES

**1** O que são os atos voluntários e os atos involuntários do nosso corpo? Dê exemplos.

_____
_____
_____
_____

**2** A partir de qual mês é possível saber o sexo de um bebê?

_____
_____
_____

**3** Com quantos anos uma criança passa da infância para a adolescência?

_____
_____
_____

**4** Em que fase do desenvolvimento você está? Justifique sua resposta.

_____
_____
_____

## LEIA MAIS

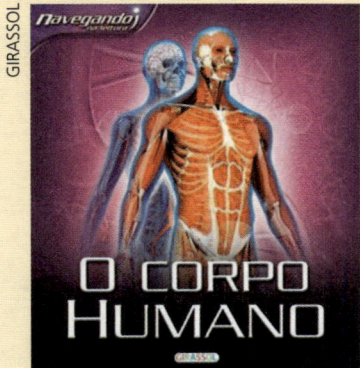

**O corpo humano**

Miranda Smith. São Paulo: Girassol, 2008.

Com imagens em 3D, este livro o levará a um passeio visual pelo corpo humano – pelo cérebro, pelo interior de um vaso sanguíneo ou para observar um exército de anticorpos combatendo um vírus. Além disso, em cada capítulo há dicas de *sites* sobre o corpo humano para navegar na internet e aprender ainda mais.

# EU GOSTO DE APRENDER MAIS

## Autocuidado

Você já ouviu falar em autocuidado? É um assunto bem importante na vida dos seres humanos, pois promove o bem-estar nosso e, por consequência, te todos com quem convivemos.

O autocuidado tem muito a ver com as nossas emoções, mas ele também está ligado aos cuidados físicos que devemos manter em nossas vidas. É perceber as nossas necessidades físicas, nossos sentimentos e emoções. É adotar as atitudes no dia a dia que nos fazem sentir bem.

Veja exemplos de atitudes que possibilitam o autocuidado:

Autocuidado físico: alimentar-se de maneira saudável, manter a higiene do corpo, praticar atividades físicas e, quando necessário, procurar atendimento médico para cuidar bem da saúde.

Autocuidado psicológico: são atitudes que ajudam a manter a nossa saúde mental e aliviar situações de estresse, como ler um livro, escrever um diário, conversar com adultos de confiança quando não se sentir bem.

Autocuidado emocional: é a adoção de atitudes que nos trazem emoções agradáveis, como brincar com os amigos, desenvolver a autoestima, que é gostar de você mesmo.

Para adotar atitudes de autocuidado, você precisa selecionar aquilo que lhe é agradável e evitar as situações em que não se sente confortável ou que pode prejudicar a saúde do seu corpo. Que tal fazer uma lista com o que faz você se sentir bem!

_____
_____
_____
_____
_____
_____

# LIÇÃO 8
# OS ALIMENTOS COMO FONTE DE VIDA

Os alimentos são responsáveis pelo crescimento do nosso corpo; também podem prevenir contra doenças e fornecem energia para a realização das mais diversas atividades.

Há alimentos de origem vegetal, animal ou mineral.

Os alimentos de origem vegetal são as verduras, as frutas, os legumes, os cereais, as sementes. Os de origem animal são as carnes, o leite, os queijos, os ovos, a manteiga e os embutidos, como linguiças e salsichas. O sal é um alimento de origem mineral.

Vegetal   Mineral   Animal

De acordo com a função, os alimentos classificam-se em construtores, energéticos e reguladores.

Os alimentos construtores atuam na estrutura do nosso corpo. Eles contêm proteínas, cálcio e ferro que favorecem o crescimento e fortalecem o organismo. Exemplos: carnes, ovos, leite e derivados (como queijo, ricota e iogurte), feijão, ervilha, milho, lentilha, grão-de-bico e soja.

Os alimentos energéticos fornecem energia ao organismo. São os alimentos que contêm carboidratos (açúcares, amido), como massas, pães, farinhas, mel, beterraba, batata e mandioca. E os que contêm gorduras, como manteiga, margarina, óleos vegetais, nozes e castanhas.

Os alimentos reguladores ajudam a regular as funções do corpo, pois contêm vitaminas, sais minerais e fibras. As vitaminas e fibras são encontradas nas frutas, verduras e legumes em geral; os sais minerais são encontrados no queijo, no leite, no peixe, no fígado, no amendoim.

Uma boa alimentação deve conter os três tipos de alimento em uma mesma refeição: construtores, energéticos e reguladores.

Os principais tipos de nutriente são os açúcares, as gorduras, as proteínas, as vitaminas, os sais minerais e a água.

### Carboidratos (açúcares)

São substâncias energéticas produzidas pelos vegetais e encontradas na cana-de-açúcar, no trigo, na aveia, no centeio, nas raízes, nas frutas, nas sementes, no leite e em outros alimentos.

### Gorduras

São importantes reservas alimentares. Encontradas nos óleos e nas gorduras de origem animal ou vegetal.

### Proteínas

São substâncias que contribuem para a formação do nosso corpo. Os alimentos de origem animal e alguns vegetais, como a soja e o feijão, são ricos em proteínas.

### Vitaminas

São substâncias indispensáveis à nossa vida. As vitaminas são encontradas tanto nos alimentos de origem animal como nos de origem vegetal.

### Sais minerais

São tão importantes à nossa saúde como as vitaminas, porque também são responsáveis pelo desenvolvimento e funcionamento do organismo. São encontrados em pequenas doses em todos os alimentos.

### Água

Indispensável à vida dos seres vivos. Está presente em todas as partes do nosso corpo, até nos ossos. Ela representa 70% do corpo do ser humano.

# Vitaminas: indispensáveis para o organismo

O papel das vitaminas no organismo é extremamente importante. Sempre que falta uma vitamina no corpo, por ela não estar incluída na alimentação ou pelo organismo não conseguir aproveitá-la dos alimentos, surge uma doença específica. Veja a seguir a ação das diferentes vitaminas no organismo e os alimentos que são fontes de obtenção delas.

**A** — Vitamina indispensável para a visão, auxilia o crescimento e aumenta a resistência contra doenças. É encontrada no leite, na gema de ovo, no queijo, na manteiga, na cenoura e na alface.

**B** — Ajuda no crescimento e na formação do sangue; mantém saudáveis os olhos, os cabelos, as unhas e a pele. É encontrada no leite, na gema de ovo, na carne, nos miúdos, como fígado, rins e coração, no peixe, nos legumes, nos cereais e no feijão.

**C** — Combate infecções e aumenta a resistência contra doenças. É encontrada na laranja, no limão, no caju, na acerola, no tomate, nos legumes, na batata, no espinafre e no pimentão.

**D** — Auxilia na formação dos ossos e dos dentes. É encontrada nas gorduras de origem vegetal e animal, como margarina, óleos e manteiga.

**E** — É importante para a pele, fortalecer as defesas naturais do organismo, para a circulação e o coração. É encontrada no ovo, nas verduras de folhas verde-escuras e nas sementes.

**K** — Ajuda na cicatrização dos ferimentos. É encontrada nas verduras que comemos cruas.

# ATIVIDADES

**1** Teste seus conhecimentos.

a) Por que os alimentos são importantes?

_____

_____

b) De que origem são os alimentos que comemos?

_____

**2** O que são proteínas?

_____

_____

**3** Dê exemplos de alimentos ricos em proteínas.

_____

_____

**4** Quais são as funções dos:

a) alimentos construtores?

_____

b) alimentos energéticos?

_____

c) alimentos reguladores?

_____

**5** Onde são encontradas as vitaminas?

_____

_____

_____

**6** Onde encontramos a vitamina B? Qual sua importância?

_____

_____

_____

_____

_____

**7** Que tipo de vitamina contém cada alimento a seguir?

a) leite _____  d) tomate _____  g) laranja _____

b) peixe _____  e) manteiga _____  h) cenoura _____

c) miúdos _____  f) ovo _____

**8** Complete as frases.

a) A vitamina D é necessária para a formação dos _____ e dos _____.

b) As infecções são combatidas pela vitamina _____.

**9** Responda.

a) Que vitamina ajuda na cicatrização dos ferimentos?
_____

b) Cite alimentos ricos em vitamina A.
_____

c) Que vitaminas são encontradas no leite e em seus derivados?
_____

## Alimentação balanceada

Uma alimentação saudável inclui alimentos naturais ou minimamente processados como o feijão, arroz e outros grãos, carboidratos, proteínas, fibras e vitaminas (obtidas em frutas, verduras e legumes) e gorduras. A composição desses alimentos no cardápio pode ser representada pela pirâmide alimentar. Na sua base estão os alimentos que devem ser consumidos em maior quantidade e à medida que subimos na pirâmide novos grupos de alimentos são indicados, mas sempre em quantidades cada vez menores. Veja a representação da pirâmide alimentar a seguir.

de 0 a 3 porções diárias — óleos e gordura, bolos, doces, sorvetes

de 2 a 3 porções diárias — carnes, feijão, peixes, iogurte, queijo

de 6 a 9 porções diárias — frutas, legumes e verduras

de 6 a 11 porções diárias — pães, massas, batatas, cereais

**Fonte:** Sonia Tucunduva Phillipi. Departamento de Nutrição da Faculdade de Saúde Pública da Universidade de São Paulo (USP).

### Cuidados com a alimentação

- Comer alimentos variados.
- Preferir alimentos naturais.
- Beber água filtrada ou fervida.
- Evitar alimentos fritos.
- Evitar balas, salgadinhos e outras guloseimas.
- Fazer as refeições nas horas certas.
- Comer apenas o necessário.

Fique de olho em sua alimentação. Procure manter uma dieta equilibrada com alimentos de todos os grupos.

# EU GOSTO DE APRENDER

Acompanhe a leitura do que você aprendeu nesta lição.
- Os alimentos são responsáveis pelo crescimento do nosso corpo, ajudam a prevenir doenças e fornecem energia para nossas atividades.
- Os alimentos podem ser de origem vegetal, animal ou mineral.
- De acordo com sua função, os alimentos podem ser classificados como construtores, energéticos e reguladores.
- Os alimentos construtores atuam na estrutura do corpo e contêm proteínas.
- Os alimentos energéticos fornecem energia e são ricos em açúcares e gorduras.
- Os alimentos reguladores ajudam a regular as funções do corpo e contêm vitaminas, sais minerais e fibras.
- Os principais tipos de nutrientes são os açúcares, as gorduras, as proteínas, as vitaminas, os sais minerais e a água.
- As vitaminas têm um papel muito importante para o corpo e a falta delas pode acarretar algumas doenças específicas no organismo.
- As principais vitaminas são: vitamina A, vitamina B, vitamina C, vitamina D, vitamina E e vitamina K.

## ATIVIDADE

- Que tipos de alimentos deve conter uma boa alimentação?

---

## LEIA MAIS

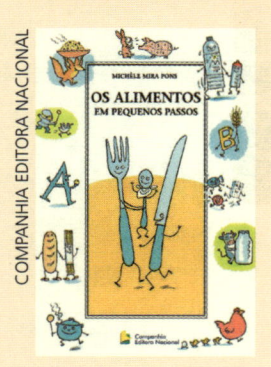

**Os alimentos em pequenos passos**

Michèle Mira Pons. São Paulo: Companhia Editora Nacional, 2008.

De que se alimentavam os nossos antepassados? Vacas loucas, frangos com hormônios... Como se explicam os boatos a respeito de nossos alimentos? Se você gosta de tudo ou não gosta de nada, se tem sede de saber mais sobre alimentos, esse livro pode satisfazer sua curiosidade e aprender a comer de forma inteligente. E também com experiências para você se divertir e receitas para você se deliciar.

# EU GOSTO DE APRENDER MAIS

## Obesidade infantil

Muita gente acha que uma criança gorda é uma criança saudável, mas isso não é verdade. A criança gorda pode se tornar um adulto obeso. Atualmente mais de 55% da população adulta do Brasil está com excesso de peso e 20% com obesidade. Índices que podem aumentar no futuro.

A obesidade é um sério problema de saúde. Pode causar pressão alta e diabetes. E aumenta o risco de o obeso desenvolver doenças do coração.

É importante que, desde criança, a pessoa mantenha o peso adequado. Para isso, é recomendável:

- não comer frituras;
- não comer mais do que é necessário;
- não trocar as refeições por bolachas, balas, salgadinhos e chocolates;
- consumir raramente refrigerantes e sucos açucarados e outros alimentos com açúcar;
- caminhar sempre que possível e fazer outras atividades físicas, como brincar de pique, jogar bola, trocar o elevador pela escada;
- dar preferência a alimentos que contêm fibras, como frutas e legumes;
- comer alimentos integrais;
- praticar esportes.

Alunos em aula de educação física no pátio de uma escola estadual, São Paulo (SP), 2021.

## ATIVIDADE COMPLEMENTAR

- Escreva uma carta a um amigo ou a uma amiga contando os perigos da obesidade infantil e mencionando algumas atitudes que devemos ter para prevenir o excesso de peso.

**Coleção**

# Eu gosto m@is

# ALMANAQUE

## O intruso

- Nas páginas finais do livro estão os adesivos com fotos de vários mamíferos e um intruso, que não tem nada a ver com esse grupo de animais.

Cole os adesivos nos espaços a seguir e escreva o nome de cada animal da foto. Colocando no centro o adesivo do animal que não é mamífero.

## Mas quantas pegadas?

- No meio das pegadas que o cachorro deixou na página, tem uma de um animal diferente. Vamos encontrá-la.

ALMANAQUE

LANG YAN

Parte integrante da Coleção Eu gosto m@is – Ciências 5º ano – IBEP.

## Atitude sustentável

Vamos identificar nas imagens a seguir as atitudes sustentáveis e aquelas que prejudicam o ambiente.

Assinale de verde as atitudes sustentáveis.
Assinale de vermelho as atitudes não sustentáveis.

## Aquecimento global

Uma das causas do aquecimento global é a destruição das florestas, especialmente das florestas tropicais, pois elas absorvem carbono da atmosfera na forma de gás carbônico para realizar a fotossíntese, causando resfriamento. Além disso, as folhas verdes-escuras absorvem a luz do sol. As florestas, ainda, absorvem a água do solo, que, por sua vez, evapora na atmosfera, criando nuvens baixas que vão refletir os raios quentes do sol, um processo conhecido como evapotranspiração, que também leva ao resfriamento.

Assim, menos cobertura de árvores e plantas no planeta gera aumento da temperatura do meio ambiente. Por isso, é preciso prestar bastante atenção nas árvores.

Na sequência de árvores a seguir apenas uma delas não se repete, você consegue identificá-la?

- Veja o que saiu no jornal.

> [...]
> Cientistas identificam regiões mais suscetíveis às mudanças climáticas.
> A Floresta Amazônica e a caatinga estão entre as áreas que precisam de maior atenção e políticas de proteção.
> A Floresta Amazônica e a caatinga estão entre os ecossistemas mais vulneráveis às mudanças climáticas e podem sofrer mais do que a maioria das regiões do globo com a variação da temperatura e das chuvas causada pelo aquecimento global. [...] Entre os biomas mais ameaçados também estão a tundra, típica das regiões geladas do ártico; porções da Floresta Boreal, que cobre parte do Canadá e do Alasca; o leste da Austrália; e as matas temperadas encontradas em regiões alpinas.
> [...]
>
> MACHADO, Roberta. Cientistas identificam regiões mais suscetíveis às mudanças climáticas. *Correio Brasiliense*, 18 fev. 2016. Disponível em: https://www.correiobraziliense.com.br/app/noticia/ciencia-e-saude/2016/02/18/interna_ciencia_saude,518295/cientistas-identificam-regioes-mais-suscetiveis-as-mudancas-climaticas.shtml. Acesso em: 30 jul. 2022.

- Descubra em quais continentes ficam esses lugares seguindo as coordenadas do diagrama.

**1F, 2E, 4E, 5E, 1D, 7I, 1A**
**7B, 4G, 3D, 8A, 2G, 6C, 5H**

|   | A | B | C | D | E | F | G | H | I | J |
|---|---|---|---|---|---|---|---|---|---|---|
| 1 | A | Q | E | I | M | A | S | D | Á | T |
| 2 | D | R | U | S | M | E | N | E | O | G |
| 3 | U | S | A | E | I | S | Á | P | L | U |
| 4 | E | N | S | T | E | S | C | O | L | O |
| 5 | U | F | L | F | R | S | T | A | I | S |
| 6 | E | M | I | Ã | O | S | S | U | R | B |
| 7 | N | O | F | L | A | R | T | A | C | S |
| 8 | A | L | E | V | N | F | G | A | F | I |

- Pesquise sobre esse assunto e veja se houve alguma mudança na atualidade sobre o risco do aquecimento global.

## O valor dos alimentos

Que todo mundo precisa se alimentar você já sabe, mas a criatividade humana neste tema é sem limites. Primeiro, no início da história da humanidade, o ser humano selecionou o que poderia ser comida, depois, com a descoberta do fogo, os alimentos foram cozidos, facilitando sua mastigação e digestão. Com o cultivo dos vegetais e a criação de animais, passou a ter maior quantidade de alimentos à disposição e daí surgirem receitas diferentes de como preparar os alimentos não demorou tanto. E a criatividade é tamanha que o pintor italiano Guioseppe Arcimboldo, que viveu entre 1526-1593, representou em suas telas vários alimentos que eram consumidos em sua época. Veja como ele pintou duas de suas obras.

*Vertemnus* (1590), de Giuseppe Arcimboldo. Óleo sobre painel, 70,5 cm × 57,5 cm.

*Summer* [Verão] (1563), de Giuseppe Arcimboldo. Óleo sobre madeira, 67 cm × 50,8 cm.

Após observar as obras e rever o que estudou sobre os alimentos, que principais nutrientes você diria que o pintor representou nas telas?

_____
_____
_____
_____

## Pirâmide alimentar

- Cole os adesivos do final do livro para montar a pirâmide alimentar conforme a necessidade de composição nutricional do cardápio.

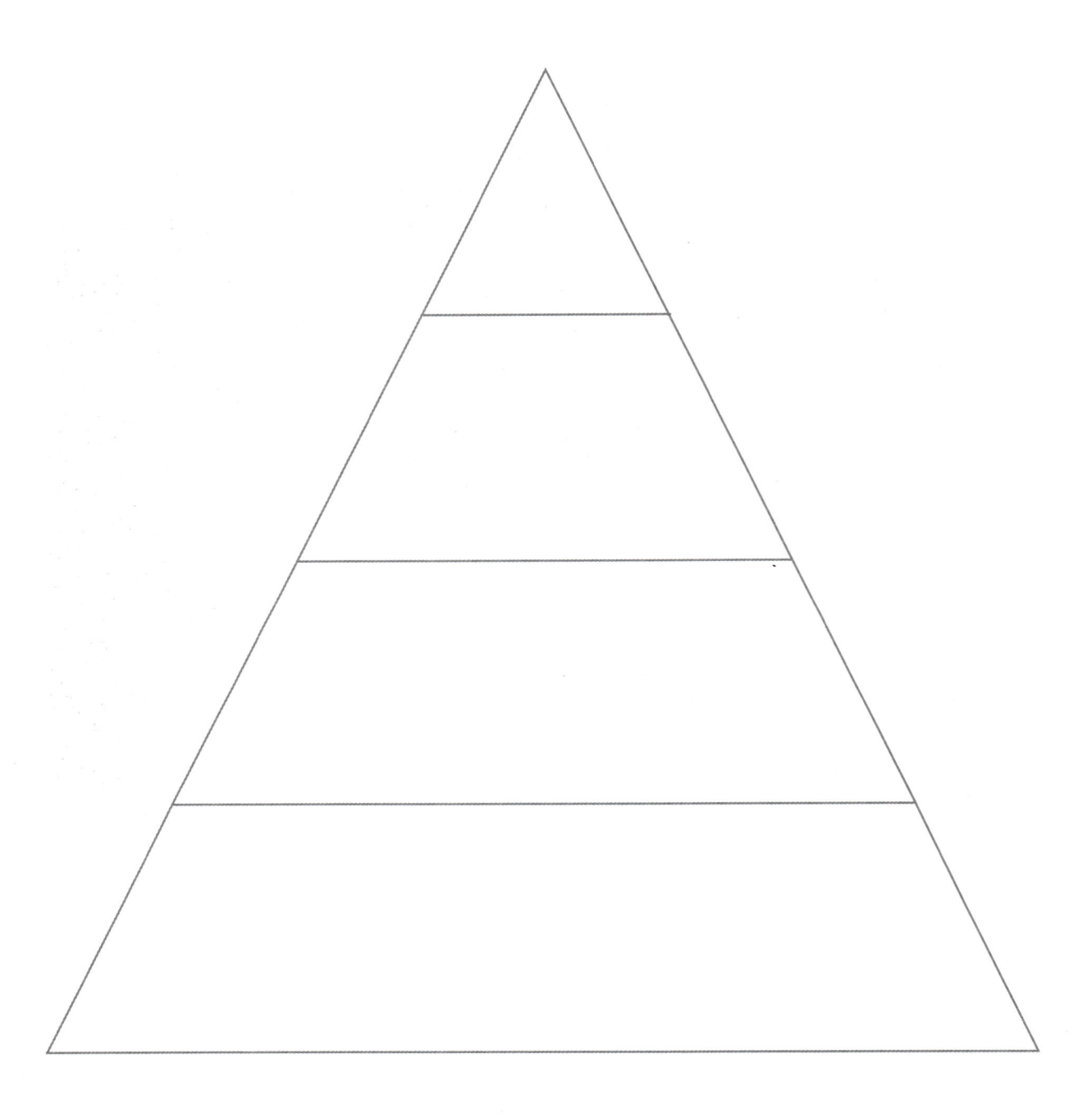

- Cole os adesivos na página 114 do *Almanaque*.

Parte integrante da Coleção Eu gosto m@is – Ciências 5º Ano – IBEP.

ADESIVO

- Cole os adesivos na página 120 do *Almanaque*.

124

Parte integrante da Coleção Eu gosto m@is – Ciências 5º ano – IBEP.